KB139228

(개정판)

외국인 유학생을 위한 **대학 글쓰기**

(개정판) **외국인 유학생을 위한 대학 글쓰기**

1판 1쇄 발행_2016년 09월 30일
2판 1쇄 인쇄_2021년 02월 15일
2판 1쇄 발행_2021년 02월 25일

지은이_이미란·김현정·나선혜·조은숙·조향숙
펴낸이_양정섭

펴낸곳_경진출판
등록_제2010-000004호
이메일_mykyungjin@daum.net
사업장주소_서울특별시 금천구 시흥대로 57길(시흥동) 영광빌딩 203호
전화_070-7550-7776 팩스_02-806-7282

값 12,000원
ISBN 978-89-5996-795-7 93710

(개정판)

외국인 유학생을 위한 **대학 글쓰기**

이미란·김현정·나선혜·조은숙·조향숙

지음

책을 내면서

이 책은 2016년도 한국연구재단 대학 인문역량 강화사업(CORE) 지원에 의해 출판된 『외국인 유학생을 위한 대학 글쓰기』를 수정·보완한 글쓰기 교재입니다.

이 책은 유학생들이 한국에서 대학 생활을 하면서 필요한 글쓰기에 직접적인 도움을 주기 위해 설계되었습니다. 지금까지 외국인을 위한 한국어 글쓰기 책이 많이 개발되었습니다만, 대체로 그 책들은 한국어 문법책에 가깝거나, 글의 예시를 보여주는 데 치중하거나, 한국어능력시험을 대비하는 수험서의 성격을 띠고 있어서, 유학생들이 대학 생활에서 필요한 글쓰기에 실질적인 도움을 받기가 어려웠습니다.

이 책은 대학에 다니는 유학생들의 눈높이에 맞춰 집필 수준을 설정하고 이들이 당면하는 한국어 글쓰기, 특히 보고서 작성 문제를 해결하는 데 초점을 맞추었습니다. 국어의 형식이나 규칙에 관한 사항도 외국인들이 혼동하기 쉬운 문법을 중심으로 설명했으며, 단락을 구성하여 한 편의 글을 완성하기까지의 과정을 구조적으로 보여주면서 대학에서 요구되는 글쓰기에 대한 접근성을 높였습니다.

1부 〈한국어 문장의 이해〉에서는 한국어 문장을 올바르게 쓰게 하기 위해, 한국어 문장의 특징을 쉽게 풀어서 설명했습니다. 그리고 이러한 문장을 확대하여 한 단락 글쓰기를 할 수 있도록 구성했습니다.

2부 〈글쓰기의 방법〉에서는 '비교와 대조', '분류와 분석', '묘사와 서사', '정의' 등 보고서에서 두루 쓰이는 글쓰기 방법을 익힐 수 있도록 구성했는데, 외국인 학생들이 한국 문화를 이해하거나, 자신의 문화를 한국인 학생들에게 소개하는 데 도움이 될 만한 예문들을 활용했습니다.

3부 〈글쓰기의 유형〉에서는 먼저 개요를 작성하여 글을 구성하는 방법을 설명하고, 대학의 글쓰기 현장에서 가장 많이 요구되는 주장하는 글, 감상문, 비평문, 자기소개서 등의 방법을 외국인 유학생들이 쉽게 이해할 수 있도록 구체적인 사례와 함께 설명했습니다.

그리고 부록 1장에서는 보고서를 쓸 때 유의해야 할 사항, 특히 글쓰기 윤리 및 참고자료를 수집하고 인용하는 방법 등을 상세하게 안내했으며, 2장에서는 한국어능력시험 쓰기 영역에서 출제되는 '실용문 완성하기, 짧은 글 완성하기, 조사 결과 설명하기, 자기 생각 쓰기' 유형의 문제를 설명하고, 답안 작성에서 초점을 맞추어야 할 사항을 안내했습니다.

『외국인 유학생을 위한 대학 글쓰기』를 펴낸 이후, 학습 현장에서 누적된 경험을 바탕으로 본문의 문장을 좀 더 쉽게 풀어 쓰고, 실생활과 밀접한 예문으로 교체한 이 책을 통해 유학생들이 대학

생활에서 요구되는 글쓰기 활동에 현실적인 도움을 받고 더불어 한국어 글쓰기 능력이 향상되었음을 스스로 느낄 수 있게 되기를 기대합니다.

2021. 1.

저자들을 대표하여, 이미란

차 례

2부 글쓰기의 방법

3부 글쓰기의 유형

부록

1부
한국어 문장의 이해

1장 문장의 이해와 바로 쓰기

1. 한국어 문장의 특징

한국어는 서술어를 중심으로 문장의 필수 성분들을 결정하여 문장을 완성한다. 대체로 사람은 글을 쓰고자 할 때, 자신이 가지고 있는 생각을 핵심어들을 중심으로 정리하고 표현하고자 한다. 그리고 이러한 핵심어 중에서 가장 기본이 되는 것은 서술어이며, 이를 중심으로 다른 문장의 성분들을 연결하여 자신의 생각을 표현하는 문장을 완성하는 것이다. 이렇듯 하나의 문장은 완성된 글에서 가장 기본이 되는 요소이다. 그러므로 글을 쓰기 전에 문장에 관한 기본 지식을 갖는 것은 아주 중요하다. 다음은 한국어 문장의 기본 유형을 서술어의 특성에 따라 구분한 것이다.

문장의 기본 유형	① 명사문: 무엇이 무엇이다. (김수현은 영화배우이다.) ② 자동사문: 무엇이 어찌하다. (눈이 오다.) ③ 타동사문 ㉠ 무엇이 무엇을 어찌하다. (은지는 가방을 좋아한다.) ㉡ 무엇이 무엇을 무엇에게 어찌하다. (은서가 선물을 은채에게 주다.) (박사님은 윤형이를 사위로 삼았다.) ④ 형용사문: 무엇이 어떠하다. (바다가 넓다.)

①은 명사가 서술어인 명사문이다. ②와 ③은 서술어가 동사인데 ②는 자동사가 서술어인 자동사문이고, ③은 타동사가 서술어인 타동사문이다. 자동사와 타동사는 목적어의 필요 여부에 따라 차이가 있다. 자동사는 목적어를 필요로 하지 않는다. 그런데 ③과 같이 타동사는 자동사와 달리 목적어를 필요로 한다. 그리고 예문에서처럼 '주다, 받다, 삼다' 등은 목적어 이외에, 목적보어(필수부사어)도 필요하다. ④는 서술어가 형용사인 형용사문이다.

위와 같이, 한국어의 문장은 서술어가 어떤 성격을 가진 품사이냐에 따라 필요한 성분들이 다르다. 서술어에 따라 필요한 성분들이 핵심어로 결정되고 나면, 순서는 대체로 필수 성분과 부속 성분으로 나눠서 나열한다. 다시 정리하면, 주어, 목적어, 서술어는 필수 성분이고, 문장은 "주어+목적어+(목적보어)+서술어"의 순서로 이루어진다. 대체로 문장은 필수 성분만으로도 이루어질 수 있지만, 생각을 전하다 보면 필수 성분 앞에 다른 단어들이 더해지는 경우가 있다. 이것을 수의 성분, 혹은 부속 성분이라고도 하는데, 이는 필수 성분을 수식하면서 내용을 한정하거나 내용을 더욱 보충하는 역할을 한다. 대체로 명사와 형용사·동사는 필수 성분이 되고, 관형어와 부사어는 수의적 성분이 된다. 관형어는 명사의 앞에서 명사의 의미를 한정하거나 보충하고, 부사어는 서술어 즉, 동사·형용사의 앞에서 의미를 한정하거나 보충하는 역할을 한다. 이를 순서로 나타내면 '관형어+주어+관형어+목적어+부사어+서술어'의 형식으로 나타난다.

문장의 기본 유형

⑤ 모든 사람은 꿈을 꾼다.
(관형어+주어+목적어+서술어)

⑥ 그녀는 맑은 눈을 가졌다.
(주어+관형어+목적어+서술어)

⑦ 윤서는 아주 성실하다.
(주어+부사어+서술어)

⑧ 태어난 아이가 아주 사랑스럽다.
(관형어+주어+부사어+서술어)

⑨ 모든 어린이는 재미있는 선생님을 매우 좋아한다.
(관형어+주어+관형어+목적어+부사어+서술어)

2. 문장을 올바르게 이해하기

좋은 아이디어와 쓸 내용이 많다고 해서 좋은 글을 쓸 수 있는 것은 아니다. 문장을 만들 때 풍부한 어휘나 좋은 문체도 중요하지만 제일 중요한 것은 정확하고 올바르게 문장을 표현하는 것이다. 실제 언어생활에서 말을 구사하는 능력, 즉 좋은 어투를 가지고 있다고 하더라도 잘못된 표현을 많이 쓰고, 일반적으로 통용되는 표현에서 많이 벗어난 표현을 사용한다면 다른 사람과의 소통에 문제가 생기게 된다.

문장을 올바르게 이해한다는 것은 문법을 바로 안다는 것과 별개의 문제이다. 정확하게 문법을 알고 있어도 문장이 어색한 경우가 있다. 한국어는 유의어가 많은 특성을 가지고 있다. 그래서 어휘의 선택이나 호응에서 오류가 많이 나타난다. 또한, 한국어는 차용어가 많은데 그 중 한자어가 높은 비율을 차지한다. 그 결과 동일한 의미를 나타내는 어휘가 많다보니 자칫 부정확한 어휘를 사용하는 오류를 저지를 수 있다. 이외에도 조사의 사용과 관련한 오류이거나 수식어의 범위에 따른 오류가 많이 나타난다. 오류가 나타나지 않은 올바른 표현을 하기 위해서는 무엇을 주의해야 하는지 다음에서 살펴보기로 하자.

1) 주어와 서술어의 호응이 중요하다

주어와 서술어의 호응 관계에서 나타나는 오류는 대체로 두 가지 경우에 나타난다. 첫째, 주어와 서술어가 가진 의미 성질이 맞지 않아서 생기는 오류이다. 이는 언어생활에서 이미 사용이 굳어진 표현에서도 많이 발견된다.

① 우리나라는 예로부터 예와 효를 강조한 민족이다.
② 약에 많이 취했다.
③ 이 영화는 남자 주인공이 여자 주인공에게 프로포즈를 하는 모습이다.

위 ①의 경우, 우리나라는 국가 명칭 혹은 지역을 나타내는 의미이다. 그런데, 마지막 서술어인 민족이란 말은 사람을 의미하는 것이다. 두 단어의 의미 특성이 서로 달라 호응이 되지 않는다. ②의 경우는 언어생활에서 굳어져서 많이 쓰이는 문장이다. '취하다'는 사람과 같이 스스로 의지를 가지고 움직일 수 있는 의미 성질을 가진 단어와 어울릴 수 있는 단어이다. 따라서 '약'은 스스로 움직일 수 있는 의지를 가진 것이 아니기 때문에 호응이 자연스럽지 못하다. 그런데 이 경우는 '약'이 문장 성분의 위치상 주어로 생각되는 경우가 있으나 실제로는 '약'이 수단의 의미이고 주어는 없다고 보아야 한다. 따라서 올바른 문장을 위해서는 '주어'를 삽입해 주는 것이 좋다. ③에서 영화는 연속 촬영 영상이란 의미를 담고 있기 때문에 고정된 모양을 나타내는 '모습'이라는 단어와 의미적 충돌이 생기는 경우이다.

둘째, 문장이 길어질 때 주로 나타나는 오류이다. 문장은 대체로 주어, 목적어와 같은 성분에 수식어가 더해져 이루어진다. 그런데 이러한 나열이 길어질수록 서술어를 문장의 주어가 아니라 바로 앞에 오는 명사의 의미에 맞춰서 선택하여 주어와 서술어가 호응되지 않은 경우가 발생한다. 그렇기 때문에 긴 문장을 쓸 때는 주어와 서술어의 관계에 더욱 주의해야 한다.

④ 도시에서 나무의 용도는 발전하는 사회 속에서 공장의 매연과 자동차의 배기가스에 찌든 도시의 공기를 정화하고 산소공급원으로서의 가치가 더 중요하지 않을까 생각합니다.

문장 ④에서 주어는 '나무의 용도는'이고, 서술어는 '생각합니다'이다. '생각하다'는 스스로의 의지로 움직일 수 있는 주어와 호응을 이룬다. 그런데 ④ '나무의 용도는'은 스스로 생각하고 움직일 수 있는 성질이 아니기 때문에 '생각하다'와 호응을 이루지 못하고 있는 것이다. 이는 문장이 길어지면서 서술어를 주어가 아닌 '중요하지 않을까'에 맞추다 보니 호응이 깨진 것이다. 이 경우는 '용도'에 서술어를 맞추거나, '생각하다'에 주어를 맞추거나 해야 한다.

연습 문제

다음 문장을 보기와 같이 주어와 서술어가 호응하도록 고쳐 보자.

보기〉 우리나라는 예로부터 예와 효를 강조한 민족이다.
→ 우리나라는 예로부터 예와 효를 강조한 나라이다. (주어)
→ 우리나라 사람은 예로부터 예와 효를 강조한 민족이다. (서술어)

① 약에 많이 취했다.

→

→

② 이 영화는 남자 주인공이 여자 주인공에게 프로포즈를 하는 모습이다.

→

→

③ 도시에서 나무의 용도는 발전하는 사회 속에서 공장의 매연과 자동차의 배기가스에 찌든 도시의 공기를 정화하고 산소 공급원으로서의 가치가 더 중요하지 않을까 생각합니다.

→

→

2) 필수 문장 성분을 갖추었는지 확인하자

한국어는 다른 언어에 비해서 성분의 생략이 쉽다. "뭐 (먹을래)?", "김치찌개 (먹을래).", "어디 (가)?", "강의실(에 가)."에서 볼 수 있듯이 특정 문장 성분을 생략해도 문장의 의미 전달이 가능하다. 실제 대화 상황에서는 주어와 서술어를 생략해도 의미 전달에 별다른 문제가 없다. 대화 상황에서는 주어와 서술어를 미루어 짐작할 수 있기 때문이다. 또 "윤서는 8시에 일어나서, 씻고 밥을 먹었다. 그러고 나서 (윤서는) 책을 읽다가 학원에 갔다."에서와 같이 주어인 '윤서'가 반복적으로 나타나는 경우는 동일한 주어이기 때문에 생략이 가능하다. 그렇지만 위와 같이 앞뒤 맥락에 의해 주어와 목적어가 무엇인지 짐작이 가는 대화 상황이 아닌 글쓰기는 앞뒤 문장으로 문맥이 제시되지 않은 이상 필수 성분의 생략이 불가능하다. 글쓰기에서는 필수 성분이 생략되면 올바른 문장이라고 할 수 없다.

① 이번 정기모임에서는 대단한 이야깃거리가 되었다.
② 윤형이는 탁이를 만나 한참 동안 로봇 장난감을 가지고 놀면서 이야기를 하였는데 인사도 없이 가버렸다.
③ 근우가 학교 예술제가 열리는 강당에 도착했을 때는 이미 끝난 후였다.
④ 윤택이는 날씨가 추워질수록 돕는 손길이 더욱 절실히 필요하다는 것을 깨달았다.

위의 예문 ①~④는 문장에서 필수 성분이 생략되어 정확한 정보 전달이 어렵다. ①은 이번 회의에서 무엇이 대단한 화제가 되었나가 생략되어 있다. ②는 윤형이와 탁이가 놀았는데, 누가 인사도 없이 가버렸는지가 생략되었다. ③은 근우가 도착했을 때 무엇이 끝났는지가 생략되었다. ④는 무엇을 돕는 손길인지가 생략되었다.

연습 문제

다음 보기와 같이 문장에서 생략된 필수 성분을 보충하여 정확한 문장을 만들어 보자.

보기〉 이번 회의에서는 대단한 화제가 되었다.
→ 이번 회의에서는 사장의 결혼이 대단한 화제가 되었다.
→ 이번 회의에서는 그 사원이 대단한 화제가 되었다.

① 윤형이는 탁이를 만나 로봇 장난감을 가지고 놀면서 이야기를 하였는데 인사도 없이 가버렸다.

→

→

② 근우가 학교 예술제가 열리는 강당에 도착했을 때는 이미 끝난 후였다.

→

→

③ 윤택이는 날씨가 추워질수록 돕는 손길이 더욱 필요하다는 것을 깨달았다.

→

→

3) 접속 조사가 있는 문장의 서술어에 유의하자

일반적으로 두 명사를 접속 조사로 연결할 경우, 서술어는 두 명사에 각각 연결해야 한다. 그런데 접속 조사에 초점을 두게 되면서 서술어를 하나만 쓰는 경우에 조사에 의한 생략이 나타난다. 다시 말하면, 서술어가 의미적으로 두 개가 있어야 하는데, 접속 조사[1]의 성격상 각각의 두 명사가 공통된 하나로 간주되면서 하나의 서술어를 두 개의 명사가 의미적으로 공유하면서 나타나는 오류이다.

① 그는 매일 적당한 운동과 채식 위주로 식사했다.

② 아이들이 어렸을 때 차고 놀던 축구공과 야구공은 친구의 아이에게 물려주었다.

③ 이 선풍기는 냉방 효과와 전력 사용량을 높이기 위하여 새로 개발한 것이다.

④ 이번 공인 자격시험 신청은 협회에서 본인이 직접 또는 지인에게 위임할 수 있다.

⑤ 이번 세미나에서는 새로운 멀티미디어 기술과 회의 참여자들이 얼마나 실력을 발휘할지 모르겠다.

위의 ①에서는 '운동과 채식 위주로'에 대응되는 서술어가 '식사했다' 하나만 연결되었기 때문에 오류이다. 운동과 채식 위주 각각

---

1) 접속 조사의 경우가 대부분이나 접속 부사의 경우도 각각의 내용을 하나로 연결하는 기능이 있기 때문에 같은 오류가 나타날 수 있다.

에 맞는 서술어를 연결해줘야 한다. ②는 축구공과 야구공인데 이를 한정하는 서술 표현이 '차고 놀던'밖에 없다. 축구는 발로 하는 운동이기 때문에 '차다'가 어색하지 않지만, 야구는 손으로 하는 운동이기 때문에 '차다'가 어색하다. ③은 '냉방 효과와 전력 사용량'에 대응하는 서술어가 '높이다' 하나이다. 선풍기가 냉방 효과를 높여야 하는 것은 맞지만 전력 사용량도 높인다는 것은 옳지 못하다. ④는 '본인이 직접 또는 지인'에 연결되는 서술어가 '위임할 수 있다' 하나인데, 이는 지인에만 해당되는 서술어라 할 수 있다. ⑤는 '멀티미디어 기술과 회의 참여자들'에 서술어가 '실력을 발휘하다'이다. '실력을 발휘하다'는 스스로 판단하고 움직일 수 있는 사람에 연결되는 서술어이다. 그러므로 멀티미디어 기술에는 어울리지 않는다.

연습 문제

다음 문장에 적절한 서술어를 연결하여 정확한 문장을 만들어 보자.

보기〉 그는 매일 적당한 운동과 채식 위주로 식사했다.
→ 그는 매일 적당한 운동을 하고 채식 위주로 식사했다.

① 아이들이 어렸을 때 차고 놀던 축구공과 야구공은 친구의 아이에게 물려주었다.
→

② 이 선풍기는 냉방 효과와 전력 사용량을 높이기 위하여 새로 개발한 것이다.
→

③ 이번 공인 자격시험 신청은 협회에서 본인이 직접 또는 지인에게 위임할 수 있다.
→

④ 이번 세미나에서 새로운 멀티미디어 기술과 회의 참여자들이 얼마나 실력을 발휘할지 모르겠다.
→

4) 수식어는 피수식어의 앞에 두자

한국어의 수식어는 수의적인 성분으로 문장에 꼭 있어야 하는 필수 성분은 아니다. 그렇지만 문장에서 내용을 보충하거나 한정해 주는 역할을 하기 때문에 중요하다. 수식어는 관형어와 부사어가 있다. 관형어는 명사의 앞에서 명사의 의미를 보충하거나 한정하는 기능을 한다. 또, 부사어는 동사, 형용사, 부사를 수식하기 때문에 부사어의 위치는 대체로 서술어의 앞이다. 수식어가 피수식어의 위치와 멀거나 바로 앞에 위치하지 않은 경우는 문장의 의미가 본래의 의미를 상실하거나, 분명하지 않게 전달될 수 있다. 또 수식어의 사용에 있어서 주의해야 할 점은 수식어가 너무 많아도 좋지 않다는 것이다.

① 작은 방의 창문으로 내다 본 세상은 매우 아름다웠다.
② 이런 정치인의 견해는 결단코 설득력이 없다.
③ 아름다운 그녀의 동생은 노래도 잘한다.
④ 검은 안경을 쓰고 머리가 길게 가린 얼굴이 달걀형인 중년의 여인이 그를 찾아왔다.
⑤ 온통 방안이 쓰레기로 가득하다.
⑥ 나는 외국에서 왔지만 정말 너무 김치찌개를 좋아해요.

①~③은 수식어의 위치가 피수식어의 위치 바로 앞에 위치하지 않아서 의미가 중의적이 된 경우이다. 관형어의 경우, 명사의 앞에 위치해야 한다. ①은 관형어 '작은'의 뒤에 명사가 방과 창문 두

개가 있으므로, '작은'이 수식하는 것이 방인지 창문인지 정확하지 않다. 그래서 작은 방을 말하는 건지, 작은 창문을 말하는 것인지 애매하다. ②도 '이런'이 수식하는 것이 정치인인지 견해인지 정확하지 않다. ③도 마찬가지로 '아름다운'이 그녀를 수식하는 것인지 동생을 수식하는지 분명하지 않다. ④의 경우는 수식어가 여러 개여서 나타나는 문제이다. 이렇듯 수식어가 많으면 문장의 의미가 정확하지 않게 되고 호응이 깨지기 때문에 좋지 않다. ⑤는 외국인 학생이 특히 주의해야 할 부사어의 위치이다. 한국인 모국어 화자들이 대체로 의미를 강조하는 경우에 부사어를 서술어의 앞이 아닌 명사의 앞에 놓아 잘못 사용하는 경우가 많은데,[2] 이를 그대로 수용하여 부사어의 위치 오류를 나타내는 경우가 많다. 쓰레기로 가득한 방안은 강조하고자 '온통'을 '방안' 앞에 놓았는데, 이는 잘못된 표현이다. '~이 온통 ~로 가득하다'의 형태로 써주는 것이 좋다. ⑥의 경우는 한 문장에서 부사어를 두 개 이상 쓰는 경우인데, 한국어 화자가 많이 쓰는 부사어가 '너무'이다. 이를 강조하고자 두 개 이상 '너무 너무', '정말 너무'로 쓰는 경우도 많다. 그런데 '너무'의 경우는 본래 '부정적'인 의미의 부사이므로 '너무'보다는 '정말'이나 '매우'를 쓰는 것이 좋을 듯싶다.[3]

---

2) 이러한 오류는 한국어 화자가 성분 부사와 문장 부사를 혼용하여 사용한 결과이다. 성분 부사는 대체로 서술어의 앞에 위치하여 서술어를 수식하지만, 문장 부사는 문장에서의 위치가 문장의 앞 아니면 서술어의 앞으로 대체로 자유롭다. 이는 서술어만 수식하는 성분 부사에 비해 문장 전체의 의미를 강조하는 의미 기능을 가졌기 때문이다.

3) 2015년에 '너무'의 사용이 '부정적' 의미에서 '정말'이나 '아주'와 같이 긍정적인 의미의 사용까지 허용되었다.

연습 문제

다음 문장에서 잘못된 수식어의 위치를 바로 잡아 문장의 의미를 정확하게 만들어 보자.

보기〉 창문을 여니 아름다운 새들의 노랫소리가 들렸다.
→ 창문을 여니 새들의 아름다운 노랫소리가 들렸다.

① 그런 제도의 규정은 전혀 설득력이 없어서 동의할 수 없다.

→

② 사라진 그녀의 물건이 강가 근처에서 발견되었다.

→

③ 검은 가방을 메고 파란 머플러로 사각의 얼굴을 가린 중년의 남성이 너를 찾아왔다.

→

④ 온통 거리가 그를 추모하는 종이비행기로 가득하다.

→

⑤ 나는 한옥 마을에서의 한국 생활 체험이 정말 너무 재미있었고, 기억에 남는다.

→

5) 조사와 어미는 정확하게 사용하자

한국어는 조사와 어미가 많이 발달한 언어이다. 한국어의 조사와 어미는 문장에서 주로 문법적인 관계를 보여주는 것이다. 그리고 조사와 어미 표현의 기능은 두 문장을 이어 문장을 확대시킬 때, 두 문장의 의미 관계를 보여주기도 한다. 또 조사가 특수하게 의미를 갖는 경우도 있다. 이렇듯 조사와 어미 표현은 그 쓰임이나 의미에 따라 미세하게 다르기 때문에 올바르게 이해하고 써야 오류를 피할 수 있다.

① 윤서는 성실함으로 다음 주에 있을 협상을 성공적으로 마무리할 것이네.
② 한 가족의 가장으로써 그럴 수는 없다.
③ 이 음식을 여기서 먹던지 포장해 가던지 결정하시오.
④ 밖에 비가 오고 있어서 우산을 가지고 가라.
⑤ 사람들이 영화가 끝난 후에도 극장에 나갈 줄 몰랐다.

①은 '이유'를 나타내는 문장이기 때문에 '-(으)ㅁ으로'가 아니라 '-(으)므로' 써야 한다. '-(으)ㅁ으로'는 '성실하-'에 명사형 어미 '-ㅁ'이 결합하여 '성실함'과 같이 먼저 명사형이 이루어지고 수단이나 방법의 의미 '-으로'가 더해지는 경우이다. '너의 능력은 너의 그 같은 성실함으로 판단될 것이다.'와 같은 경우인데 '너의 능력'이 판단되는 수단, 방법으로 '성실함'이 제시된 것이다. 이 경우는 형용사 '성실하다'가 '성실함'으로 명사화되어 '-(으)로'가 결합되

어야 한다. ②는 '로서'와 '로써'의 구별이다. '로서'는 ②의 예문에서 '-로서'의 결합이 '가장'이라는 자격을 나타내는 것처럼 '신분·지위·자격'을 나타내는 경우에만 쓰고, 그 외의 경우는 '로써'를 쓴다. ③은 둘 중 하나를 선택하는 것을 나타내는 표현으로 '-든지'를 써야 한다. '-든지'는 동사의 어간에 결합되어 두 행동 중 하나를 선택하는 의미를 가지고 있다. ③의 예에서는 '여기서 먹는다'와 '포장해 간다' 두 행위 중 하나를 선택하는 것이기 때문에 '-던-'은 맞지 않다. '-던-'은 보통 과거 회상을 나타내는 표현이다. '여기가 예전에 내가 자주 갔던 식당이다.', '내가 가끔 듣던 노래'에서처럼 과거에 했던 일을 회상하는 과정에서 쓰인다. ④의 '-어서'도 이유를 나타내는 표현 중 하나이기는 하지만 ④의 문장에서는 의미상 어울리지 않다. 여기에선 '-어서'가 아니라 '-니(까)'를 써야 한다.

대체로 '이유'를 말하고 서술어가 요청의 형태가 올 때 '-니까'를 쓰고, '-어서'를 쓰는 경우는 이유와 결과가 밀접한 관련을 갖고 있는 경우에 쓴다. 그래서 '나는 배가 아파서 학교에 못 갔다.'와 같이 과거의 경험 사실의 이유를 밝힐 때 '아서/어서'의 형태가 많이 쓰인다. ⑤는 '-에'와 '-에서'의 구별이다. 일반적으로 '-에'가 장소를 나타내는 명사 혹은 부정대명사와 어울릴 때는 '목적지'를 나타내는 경우이다. 예를 들면, "너는 어디에 가냐?"는 상대방의 이동 목적지를 묻는 경우이다. "도서관에 간다."라 하면 보통 자신의 목적지 혹은 도착지를 말하는 것이 된다. 도착지나 목적지를 말하는 경우가 아니라 "그녀는 스타벅스에서 커피를 마신다."처럼 행위자가 커피를 마시는 행동을 하는 장소를 나타낼 때는 '에서'를 쓴다.

연습 문제

다음 문장에서 문법 표현을 문장의 의미에 맞게 올바르게 고쳐 보자.

보기〉 윤서는 성실함으로 다음 주에 있을 협상을 성공적으로 마무리 할 것이네.

→ 윤서는 성실하므로 다음 주에 있을 협상을 성공적으로 마무리 할 것이네.

① 한 가족의 가장으로써 그럴 수는 없다.

→

② 이 음식을 여기서 먹던지 포장해 가던지 결정하시오.

→

③ 밖에 비가 오고 있어서 우산을 가지고 가라.

→

④ 사람들이 영화가 끝난 후에도 극장에 나갈 줄 몰랐다.

→

6) 피동 표현은 한 번만 쓰자

한국어에서 피동은 주어의 의지가 아니라 다른 사람 혹은 다른 환경에 의해서 어떠한 동작이 행해진 결과를 말한다. 한국어에서 피동 표현을 만드는 방법은 짧은 피동과 긴 피동, 두 가지가 있다. 짧은 피동은 동사에 피동 접미사 '-이-, -히-, -리-, -기-'를 삽입하는 방법이고, 긴 피동은 서술어에 피동 표현 '-아/어 지다'를 연결하여 만드는 방법이다. 이러한 두 가지 방법을 하나의 서술어에 동시에 쓰는 경우가 있다. 이런 경우 보통 피동 표현의 남용으로 바르지 못한 표현이 된다. 특히, 한국에서는 피동 표현이 주어의 의지로 행해진 결과가 아님을 의미한다고 하여 피동 표현 자체를 지양한다. 그렇기 때문에 되도록 쓰지 않는 것이 좋으나 문장의 성격상 필요하다면 한 가지 방법만 선택하여 쓰는 것이 좋다.

① 치마가 더욱 잘 팔릴 것으로 예상되어졌다.
② 요즘 사람들에게 많이 읽혀지는 기사는 대부분이 자극적인 내용이다.
③ 그 일도 내일 같이 추진될 것으로 보여진다.
④ 강풍에 전봇대가 땅에서 뽑혀졌다.
⑤ 이 물리치료를 꾸준히 받으면 수일 내로 좋아질 것으로 기대되어진다.

위의 예문들은 피동 표현이 두 가지 방법이 쓰인 것으로 지양하도록 권고하는 예시들이다. ①은 '예상되어졌다'에 '되'와 '-어지다'라는 두 번의 피동 표현이 쓰였다. '되다'는 '이다'의 피동 표현이고, '-어졌다'는 '-어지다'에 과거형 어미 '-었-'이 결합된 형태이다. ②는 '-혀지는'에 '-히-'와 '-어지는'이 결합된 형태이다. ③도 역시 '-여진다'가 '-이-'와 '-어지다'가 결합된 것으로 두 가지 피동 표현이 모두 쓰였다. ④의 예도 '-혀졌다'가 '-히-'와 '-어지다'의 결합이고, ⑤번은 ①번과 비슷하게 '되다'와 '-어지다'가 같이 결합된 형태로 오류를 보이고 있다.

연습 문제

다음의 문장은 피동 표현이 두 번 쓰인 문장이다. 문장의 의미가 올바르게 전달될 수 있도록 한 가지 방법만 선택하여 정확하게 표현해 보자.

보기〉 치마가 더욱 잘 팔릴 것으로 예상되어졌다.
→ 치마가 더욱 잘 팔릴 것으로 예상됐다.

① 요즘 사람들에게 많이 읽혀지는 기사는 대부분이 자극적인 내용이다.
→

② 그 일도 내일 같이 추진될 것으로 보여진다.
→

③ 강풍에 전봇대가 땅에서 뽑혀졌다.
→

④ 이 물리치료를 꾸준히 받으면 수일 내로 좋아질 것으로 기대되어진다.
→

7) 같은 의미의 단어는 한 번만 쓰자

한국어는 외래 차용어가 많은 어휘 특징을 가지고 있다. 그 중 50% 이상이 한자어일 만큼, 한자어는 한국어 사용에서 많은 부분을 차지하고 있다. 문제는 뜻이 같은 한자어와 한국어 어휘를 같이 사용해서 의미가 중복이 되는 경우가 나타난다는 것이다. 글을 쓰는 사람이 이러한 개념어와 의미를 한 문장에 같이 중복 사용하는 경우가 있다. 한 단어의 의미를 특별히 강조하는 문체적인 특징을 보이는 것이 아니라면 이는 단어의 올바른 사용이라고 할 수 없다.

① 그 신제품은 평단으로부터 아주 좋은 호평을 받았다.
② 그 남자가 우리 제품을 팔았다는 것은 근거 없는 낭설이네.
③ 우리나라 사람들은 잡초처럼 힘들고 어려운 고난의 시기를 잘 극복해 왔다.
④ 그 영화는 미리 예매하지 않으면 절대 볼 수 없다.

위의 예시 ①에서는 '좋은'과 '호(好)'가 동일한 의미로 중복되었다. ②에서는 '근거 없는'과 '낭(浪)', ③에서는 '힘들고 어려운'과 '고난(苦難)'이 동일한 의미로 중복됐다. ④에서는 '미리'와 '예(豫)'가 동일한 의미로 쓰였다.

연습 문제

다음의 문장에서 중복된 의미를 가진 단어를 찾아 올바르게 고쳐 보자.

보기〉 그 신제품은 평단으로부터 아주 좋은 호평을 받았다.
→그 신제품은 평단으로부터 아주 좋은 평을 받았다.

① 그 남자가 우리 제품을 팔았다는 것은 근거 없는 낭설이네.
→

② 우리나라 사람들은 잡초처럼 힘들고 어려운 고난의 시기를 잘 극복해 왔다.
→

③ 그 영화는 미리 예매하지 않으면 절대 볼 수 없다.
→

④ 우리는 여섯 시에 역전 앞에서 보기로 하자.
→

8) 어휘의 정확한 의미를 확인하자

글을 쓸 때는 물론 대화를 하면서도 어휘를 정확하게 쓰지 못하는 경우를 흔히 볼 수 있다. 단어의 의미를 제대로 알지 못하고 쓴 경우도 있고, 한국어 맞춤법에 대한 이해가 부족하거나 잘못된 자료를 참고해서 현재 한국에서는 사용하지 않거나 극히 드물게 쓰는 단어를 사용하는 경우가 있다.

① 나는 저렴한 가격으로 시에서 운영하는 스포츠클럽을 이용한다.
② 나는 너와 버금가는 실력으로 여기까지 올라온 것이다.
③ 여행 후기 사진을 응모하고 있으니 여러분의 많은 참여를 기다립니다.
④ 나는 너와 성격이 틀리고, 생각이 틀리기 때문에 난 여기서 일어나겠다.
⑤ 오늘은 몇 요일이야?

①에서는 '가격'이라는 어휘를 부정확하게 사용한 경우이다. '가격'이라는 단어의 의미를 정확하게 이해하지 못해서 오류가 나타난 것이다. '가격'이라는 것은 물건에 제시된 형태를 의미하는 것으로 ①의 문장은 '이용하다'라는 서술어와 어울려야 하기 때문에 '비용'을 나타내는 말로 바꿔주어야 한다. ②는 '버금가는'에 대한 이해가 필요하다. '버금가다'라는 말은 '으뜸다음 가는 것', '최고의 다음'을 의미하는 말이다. 그런데 실제 언어생활에서는 '버금가다'를 ②의 예시처럼 '견주다', '비슷하다'의 의미로 사용하는 경우가

있다. ③에서 '응모'는 모집이나 접수에 응하는 사람의 입장에서 쓰이는 말이다. 그런데 ③의 문장은 응하는 사람의 입장이 아닌 모집을 하는 주최자의 입장에서 나올 수 있는 문장이므로 이럴 때는 '응모'가 아니라 '공모'가 되어야 한다. ④도 역시 언어생활에서 보편화된 오류이다. '다르다'와 '틀리다'의 구별인데, '다르다'의 반대말은 '같다'이고 '틀리다'의 반대말은 '옳다'이다. 의미상으로는 정확히 이해를 하고 있는데도 실제 언어생활에서 이를 혼용해서 사용하고 있기 때문에 문장에서도 오류가 나타나는 경우이다. ⑤의 경우는 한국 언어생활에서도 일부에서만 나타나는 경우인데, 요일을 물어볼 때는 '몇'이 아니라 '무슨'을 써야 한다.

연습 문제

다음의 문장에서 잘못된 사용을 보이는 어휘를 찾아 바르게 고쳐 보자.

보기〉 나는 저렴한 가격으로 시에서 운영하는 스포츠클럽을 이용한다.

→나는 저렴한 비용으로 시에서 운영하는 스포츠클럽을 이용한다.

① 나는 너와 버금가는 실력으로 여기까지 올라온 것이다.

→

② 여행 후기 사진을 응모하고 있으니 여러분의 많은 참여를 기다립니다.

→

③ 나는 너와 성격이 틀리고, 생각이 틀리기 때문에 난 여기서 일어나겠다.

→

⑤ 오늘은 몇 요일이야?

→

한걸음 더 나아가기

◎ 조사 '은/는'과 '이/가'

• 조사 활용은 다음 표를 참고하자.

조사	내용
은/는	구정보
이/가	신정보

위의 표에서와 같이 이야기 내용에 의해서 나눠지는 조사의 사용 예는 다음과 같다.

◦ 수요일에 시험이 있었는데, 이번 시험은 열심히 준비해서인지 어렵지 않았다.

위의 예문에서 '시험'이 두 번이 나오는데, 앞의 시험은 '이'가, 뒤의 시험은 '은'이 연결되었다. 앞의 시험은 화자가 청자에게 처음으로 전달하는 정보이기 때문에 화자는 청자가 현재 알지 못한 정보로 인지하고 신정보에 연결하는 '이'를 쓰고, 뒤의 시험은 이미 화자가 앞서 시험이라는 정보를 청자에게 전달했기 때문에 청자가 이미 알고 있는 정보, 즉 구정보로 판단하고 '은'을 쓴 것이다.

• 격조사와 보조사는 동시에 쓰지 않는다.

예) 나는 너를 사랑한다.
  * 나는도 너를 사랑한다.
  → 나도 너를 사랑한다.

일반적으로 격조사는 단어가 문장에서 문장 성분으로 어떤 위치(격)을 갖는 가를 보여주는 것이고, 보조사는 단어에 의미를 더해 주는 조사의 기능을 한다. 그렇기 때문에 보충 의미를 갖는 보조사가 결합될 때는 격조사를 생략하는 것이다.

memo

2장 문장의 확대

한국어에서 문장은 하나의 주어와 하나의 서술어를 갖추어야 한다. 서술어가 중심이 되는 만큼 서술어가 없으면 완벽한 문장이라 할 수 없다.[1] 하나의 주어와 하나의 서술어가 있는 것을 단문이라고 하고, 단문이 두 개 이상 만나 만들어진 문장을 복문이라고 한다. 이러한 복문을 만드는 방법에는 두 가지 방법이 있다. 첫째는 한 문장이 다른 문장들과 나란히 이어지는 방식이고, 둘째는 한 문장이 다른 문장 속에 들어가서 한 문장이 다른 문장의 성분을 이루는 방식이다.

---

1) 주어와 서술어를 갖춘 형태 즉, 서술어가 종결어미로 끝나는 형태를 문장이라고 하고, 서술어가 있으나 종결어미로 끝나지 않은 형태를 절이라 한다.

1. 안은문장과 안긴문장

한 문장이 다른 문장의 성분이 되는 방식으로 이루어진 문장을 안은문장(상위문), 안긴문장(내포문)이라고 말한다. 이는 두 문장 중 한 문장이 명사형 어미와 관형사형 어미, 그리고 부사형 어미와 결합하여 안은문장의 성분이 되는 것이다. 즉, 명사형 어미와 결합하면 명사와 같은 기능을 하고, 관형사형 어미와 결합하면 관형사와 같은 기능, 부사형 어미와 결합하면 부사의 기능을 하는 안긴문장이 된다.

1) 명사형 어미: '-음-, -기-'

(1) '나는 내가 합격했음을 알았다.'(알고 있는 사실)
(① 나는 알았다. ② 내가 합격했다.)
(2) '나는 네가 합격하기를 기원한다.'(확실하지 않거나 결과를 모르는 사실)
(① 나는 기원한다. ② 네가 합격하다.)

명사형 어미가 결합하여 안긴문장이 된 경우는 대체로 안은문장에서 주어나 목적어의 역할을 한다. 그리고 명사형 어미는 위의 예시에서처럼 대체로 안은문장의 서술어의 의미 특성에 따라 결정돼서 결합된다.

2) 관형사형 어미: '-(으)ㄴ, -는, -(으)ㄹ'

(1) '내가 먹은 사과는 저기 있다.'(과거)

(① 내가 사과를 먹었다. ② 사과가 저기 있다.)

(2) '내가 먹는 사과는 저기 있다.'(현재)

(① 내가 사과를 먹는다. ② 사과가 저기 있다.)

(3) '내가 먹을 사과는 저기 있다.'(미래)

(① 내가 사과를 먹을 것이다.(먹겠다) ② 사과가 저기 있다.)

(4) '내가 본 가장 아름다운 사람은 나의 어머니이다.'

(① 내가 사람을 보았다. ② 아름다운 사람은 나의 어머니이다.)

관형사형 어미는 위의 예시처럼 안긴문장의 서술어에 관형사형 어미가 결합돼서 안은문장의 성분이 된다. 관형사형 어미가 결합된 표현은 관형사처럼 명사, 문장의 주어와 목적어를 수식하는 역할을 한다. 동사와 관형사형이 결합되는 경우는 시제를 표현할 수 있다. 그러나 형용사는 시제는 표시하지 못하고 대체로 '-(으)ㄴ'만 결합한다.

3) 부사형 어미: '-이, -게' 등

(1) '비가 소리 없이 내린다.'

(① 비가 내린다. ② 소리가 없다.)

(2) '밥상이 입이 벌어지게 푸짐하다.'

(① 밥상이 푸짐하다. ② 입이 벌어지다.)

위의 예시처럼 부사형 어미는 안긴문장의 서술어에 결합돼서 안은문장의 서술어를 수식하는 역할을 한다.

2. 이어진 문장

한국어에서는 문장과 문장을 연결할 때 연결어미를 이용한다. 이 경우는 두 문장이 이어지는 관계로 앞에 있는 문장을 선행절, 뒤에 이어지는 문장을 후행절이라고 한다. 이때 연결어미는 나열, 인과, 양보, 조건, 목적 등의 의미 유형에 따라 나눌 수 있다. 그래서 앞과 뒤를 연결하려는 문장의 의미 관계가 연결어미를 선택하는 데에 중요한 요인이 된다. 이어지는 문장의 경우는 두 문장의 의미관계가 대등하게 연결이 되었느냐 종속적으로 연결이 되었느냐의 여부에 따라 대등적으로 이어진 문장, 종속적으로 이어진 문장으로 나눌 수 있다. 대등적으로 이어진 문장은 말 그대로 앞뒤 문장의 의미가 대등하게 연결되어 문장의 전후 순서를 바꿔도 의미적으로 변함이 없다.

1) ① 동물은 죽어서 가죽을 남긴다. 그리고 사람은 죽어서 이름을 남긴다.
② 사람은 죽어서 이름을 남긴다. 그리고 동물은 죽어서 가죽을 남긴다.

2) ① 눈이 온다. 바람이 분다.

② 눈이 오고, 바람이 분다. ('-고'는 단순 나열)

3) ① 눈이 오는 겨울이 갔다. 꽃이 피는 봄이 왔다.

② 눈이 오는 겨울이 가고, 꽃이 피는 봄이 왔다.

위 1)은 대등한 두 문장이 접속부사인 '그리고'로 이어진 문장이다. 또한 위 2)는 주어와 서술어가 하나씩인 문장의 연결로, 단순한 나열 순서를 나타내는 부사형 접속 어미 '-고'에 의해 이어진 문장이다. 3)은 주어와 서술어가 두 개씩인 문장으로 한 문장이 다른 문장의 성분이 되어 안긴 경우이다. '눈이 오다.'와 '겨울이 갔다'에서는 전자가 후자의 문장 성분 즉, 겨울을 수식하는 관형절이고, '꽃이 피다'와 '봄이 왔다'에서도 마찬가지로 전자가 후자의 주어를 수식하는 관형절이다. 그리고 이 두 문장이 다시 '3)-②' 와 같이 나열 순서를 나타내는 접속어미에 의해 이어진 것이다. 대체로 대등적으로 연결된 문장은 앞뒤 절을 바꾸어도 의미의 변화가 없다.

4) (1) ① 내일 날씨가 좋으면 ② 우리 야외 수업을 하도록 하자.

(2) ① 다리가 아파서 ② 오늘 학교에 못 갔다.

위의 예 4)에서 (1)의 경우는 ①이 ②의 행동의 가정이 되고 있는 의미관계를 보이고 있다. (2)는 ①이 ②의 행동의 원인이 되고 있는 의미관계를 보이고 있다. 이처럼 앞의 문장과 뒤의 문장이 의미적으로 관련이 깊은 경우를 종속적으로 이어진 문장이라고 한다. 종속적으로 이어진 문장은 선행절과 후행절의 위치를 바꾸면 의미가 다음 5)와 같이 전혀 다른 의미가 되므로 문장의 순서를 바꿀 수 없다.

5) (1) 우리 야외수업을 하면 내일 날씨가 좋다.
   (2) 오늘 학교에 못 가서 다리가 아프다.

한걸음 더 나아가기

◎ 한국어 접속어의 의미 유형

가. '나열'의 의미

'나열'의 의미	예문
'-고'	◦ 번개가 치고, 비가 옵니다. ◦ 해가 뜨고, 비가 그쳤습니다.
'-(으)며'	◦ 은찬이는 남자이며, 여섯 살입니다. ◦ 같은 나이지만, 민서는 초등학생이며, 민채는 유치원생입니다.
연습	

나. '순서'의 의미

'순서'의 의미	예문
'-고'	◦ 우리는 아침을 먹고, 학교로 갔다. ◦ 방에 들어갈 때 우리는 신발을 벗고, 들어갔다.
'-아서/-어서'	◦ 선생님께서 외투를 벗어서, 벽에 거셨다. ◦ 윤택이와 운이는 만나서, 극장에 갔다.
연습	

다. '동시'의 의미

'동시'의 의미	예문
'-(으)면서'	◦ 우리는 숙제를 하면서, 정리를 했다. ◦ 효선이는 노래를 부르면서, 쿠키를 구웠다.
'-(으)며' '-동안(에)'	◦ 우리는 간식을 먹으며, 영화를 봤다. ◦ 희선이는 노래를 부르며, 춤을 췄다. ◦ 희향이가 춤을 추는 동안, 희정이는 노래를 불렀다. ◦ 희향이가 청소를 하는 동안에, 희정이는 빨래를 했다.
'-자'	◦ 바람이 불자, 간판이 흔들렸다. ◦ 그가 떠나자, 그녀가 돌아왔다. ◦ 그들이 들어오자, 장내가 시끄러워졌다.
'-자마자'	◦ 비가 그치자마자, 날씨가 추워졌다. ◦ 벨이 울리자마자, 그가 일어섰다.
연습	

라. '전환'의 의미

'전환'의 의미	예문
'-다가'	◦ 그는 샤워를 하다가, 갑자기 밖으로 나갔다. ◦ 그 아이는 수업을 받다가, 운동장으로 불려나갔다.
연습	

마. '대립·대조'의 의미

'대립·대조'의 의미	예문
'-(으)나'	◦ 기름은 따뜻한 물에서는 잘 녹으나, 찬물에서는 녹지 않고 굳는다. ◦ 그 아이는 외모는 멋지나, 성격은 그렇지 못하다.
'-지만'	◦ 김치 담는 것은 많이 봤지만, 직접 담가본 적은 없다. ◦ 서태지는 돌연 은퇴했지만, 다시 돌아왔다.
'-는데/-(으)ㄴ데'	◦ 그 신발은 예쁜데, 너무 비싸다. ◦ 시험이 내일인데, 공부는 하나도 하지 못했다.
'-아도/-어도'	◦ 그가 영어는 잘해도, 국어는 못한다. ◦ 그 아나운서는 말은 느려도, 행동은 빠르다.
연습	

바. '이유·원인'의 의미

'이유·원인'의 의미	예문
'-아서/-어서'	◦ 몸이 힘들어서, 학교에 나올 수 없었어요. ◦ 머리가 아파서, 병원에 갔어요.
'-(으)니까' '-(으)니'	◦ 이 신발은 사이즈가 안 맞으니까, 다른 것으로 교환해 주세요. ◦ 이 신발은 사이즈가 안 맞으니, 다른 것으로 교환해 주세요. ◦ 시간이 많이 늦었으니까, 택시를 타고 가거라. ◦ 시간이 많이 늦었으니, 택시를 타고 가거라. ◦ 날 그리 두고 가니까, 네 기분이 좋더냐? ◦ 날 그리 두고 가니, 네 기분이 좋더냐?
'-(으)므로'	◦ 너는 키가 작으므로, 그 놀이기구를 탈 수 없다. ◦ 당신은 늘 계획대로 움직이므로, 잘 될 것이다.
'-느라(고)'	◦ 친구를 만나 이야기를 하느라고, 수업시간에 늦었다. ◦ 늦잠을 자느라고, 오전 방송을 놓쳐버렸다. ◦ 늦잠을 자느라, 학교에 지각을 했다.
'-바람에'	◦ 회의가 늦어지는 바람에, 저녁 약속을 지키지 못했다. ◦ 교통사고가 나는 바람에, 서류를 잃어버렸다.
연습	

사. '조건'의 의미

'조건'의 의미	예문
'-(으)면' '-(으)려면'	◦ 네가 이번 입시에 합격하면, 그때 생각해 보자. ◦ 네가 밥을 먹으면, 그때 다시 이야기를 하겠다. ◦ 네가 이번 입시에 합격하려면, 더 열심히 공부해야 한다. ◦ 네가 고기를 먹으려면, 지금 일어서야 한다.
'-거든'	◦ 학교에 오거든, 꼭 행정실에 들리도록 하시오. ◦ 살을 빼려거든, 식이요법과 운동요법을 병행해야 해요.
'-아야/-어야'	◦ 산에 가야, 이 꽃을 볼 수가 있다. ◦ 축제가 시작되어야, 사람들이 많이 올 것이다.
연습	

아. '목적'의 의미

'목적'의 의미	예문
'-(으)러'	◦ 자료를 찾으러, 도서관에 갔어요. ◦ 나는 밥을 먹으러, 식당에 갔다. ◦ 두부를 사러, 시장에 갔다.
'-(으)려고'	◦ 그 사람은 이 소식을 알려주려고, 이른 시간에 전화를 했다. ◦ 나는 친구에게 선물을 주려고, 이 펜을 샀다. ◦ 내가 먹으려고 산건데, 친구에게 주었다.
'-게'	◦ 아이의 키가 잘 클 수 있도록, 줄넘기 방법을 알려줘야겠다. ◦ 아이의 키가 잘 클 수 있게, 줄넘기 방법을 알려줘야겠다.
'-도록'	◦ 모든 사람들이 이 사실을 알 수 있도록, 노력하겠습니다. ◦ 모든 사람들이 이 사실을 알 수 있게, 노력하겠습니다.
연습	

자. '양보'의 의미

'양보'의 의미	예문
'-아도/-어도'	◦ 그 문을 아무리 두드려도, 열리지 않았다. ◦ 아무리 보아도, 그 아이는 없었다.
'-(으)ㄹ지라도'	◦ 그가 고백을 수없이 할지라도, 그녀는 절대 마음을 바꾸지 않을 것이다. ◦ 지금 가게 문을 닫을지라도, 장사는 계속 할 예정입니다.
'-더라도'	◦ 이 옷은 비를 맞더라도, 젖지 않을 만큼 방수기능이 뛰어납니다.
연습	

차. '선택'의 의미

'선택'의 의미	예문
'-거나'	·휴일이면, 나는 쇼핑을 하거나, 영화를 보거나 한다. ·그 시간이면 난 장을 보고 있거나, 집 청소를 하고 있을 것이다.
'-든지'	·영화를 보든지, 연극을 보든지, 빨리 결정했으면 좋겠다. ·잠을 자든지, 책을 보든지, 네가 계획한 대로 하는 것이 중요하다.
연습	

카. '방법'의 의미

'방법'의 의미	예문
'-아서/-어서'	·요즘은 과일이나 채소를 씻어서, 먹는 것이 좋다. ·여름에는 고기를 익혀서, 먹는 것이 건강에 이롭다. ·여름에는 강가에서 물고기를 직접 잡아서, 요리하기도 한다.
'-고'	·거기에 들어갈 땐 신발을 벗고, 들어가야 한다. ·이제 대전을 가는 방법은 버스를 타고, 가는 방법밖에 없겠다.
연습	

타. '배경'의 의미

'배경'의 의미	예문
'-는데/ -(으)ㄴ데'	·신호등 앞에서 사고가 났는데, 피해자가 많이 다쳤나 보더라. ·배가 아픈데, 병원에 가보는 게 좋겠다.
'-(으)니(까)'	·학교에 가보니, 학교에는 아무도 없었다. ·학교에 가보니까, 학교에는 아무도 없었다. ·야식을 먹으니까, 살이 더 찌는 것 같아요.
연습	

3. 문장의 확대에서의 시제 표현

문장의 확대는 한 문장이 다른 문장의 성분이 되는 내포와 두 문장이 논리적 의미관계에 의해 이어지는 접속 두 가지가 있다. 즉, 하나는 한 문장이 다른 문장을 안는 것, 다른 하나는 두 문장을 이어주는 방법이다. 전자의 문장에서는 전성어미(명사형 '-(으)ㅁ-'이나 '-기-'·관형형어미 '-(으)ㄴ, -는, -(으)ㄹ')를 문장의 의미에 맞춰 시제를 표현한다. 관형사형 어미가 결합되어 관형어가 되면 명사를 수식하는데 어미가 결합되는 용언이 형용사인 경우는 상태를 나타내는 경우가 많으므로 시제에 따라 달라지지 않고 '-(으)ㄴ'만 결합된다. 또, 명사형 전성어미의 경우도 서술어의 의미(특히, 기정성)에 따라 결합되기 때문에 특별히 명사형 어미에 시제를 표현하지 않는다. 단지, 서술어의 의미에 따라 기정성이 있으면 명사형 전성어미 중 '-(으)ㅁ-', 기정성이 없으면 '-기-'를 문장 연결 시에 추가해 준다. 여기서 기정성이란 대체로 결과가 확정된 사실로 이해할 수 있는가를 말한다. 그래서 보통 과거사실이면 '-(으)ㅁ-'이 쓰이고, 아직 결정된 바 없는 미래 사실을 이야기 할 때는 '-기-'를 사용한다. 두 문장을 이어주는 방법에서 대부분은 마지막 서술어만 시제를 표현해 주면 된다. 그런데 후회나 바람 같은 주관적 감정, 추측의 의미를 가질 때는 조금 달라지는 것을 볼 수 있다. 다음의 예를 보자.

1) ① 나는 친구를 통해 내가 시험에 통과했음을 알았다.
   ② 나는 이번에는 네가 합격하기를 바란다.

③ 저 분이 나에게 한국어를 가르친 선생님이다.

④ 저 분이 나에게 한국어를 가르치는 선생님이다.

⑤ 저 분이 나에게 한국어를 가르칠 선생님이다.

위의 예문에서 ①과 ②는 명사형 어미 '-(으)ㅁ', 과 '-기-'가 결합하여 복문이 된 경우이다. '-(으)ㅁ'이 결합된 ①의 문장은 기정성을 확보하여, 시험에 통과했음이 과거 사실임을 알 수가 있다. '-기-'가 결합된 ②의 문장은 기정성을 갖지 못하는 '-기-'와 '바라다'가 가진 의미를 통해 아직 이루어지지 않은 일이라는 것을 알 수 있다. 미래에 대한 현재의 바람을 나타내는 문장이기 때문에 ①과 다르게 서술어에 시제표현이 들어가지 않고, 현재형으로 표현하는 것이다. '기정성'을 갖지 못하는 명사형 어미 '-기-'에서 이미 이루어진 사실이 아니란 것을 알 수 있기 때문에 서술어에 미래를 표현하지 않아도 무방하다. ③~⑤의 경우는 관형형 어미에 시제가 이미 표현이 된 경우이다. ③의 경우에는 '가르치-'에 과거형으로 'ㄴ'이 결합되어 시제가 표현이 됐다. ④는 '가르치-'에 현재형 '는'이 결합, ⑤는 '가르치-'에 미래형 'ㄹ'이 결합되어 표현되었다. 그런데 의미상 현재 정보를 전달하는 상황이기 때문에 마지막 서술어는 현재형이다. 다음 2)와 같은 접속문의 예를 보자. 다음 2)의 경우는 의미적으로 현재 정보 전달이 아니라 과거의 사실을 말하거나 아니면 정확한 결과가 없는 추측을 하는 경우이다. 이러한 경우는 일반적으로 마지막 서술어에만 시제를 표현한다.

2) ① 배가 아파서 학교에 못 갔어요. (◯) –과거 표현
② 배가 아팠어서 학교에 못 갔어요. (×)
③ 배가 아팠어서 학교에 못 가요. (×)
④ 배가 아파서 학교에 못가요. (◯) –현재 표현
⑤ 배가 아파서 학교에 못 갈 것 같아요. (◯) –추측 표현

2)는 원인과 결과를 나타내는 두 문장인데, 이렇게 두 문장의 관계가 서로 밀접하게 연관이 되어 있으면, 보통 마지막에만 시제를 표현한다. 또, 과거의 이유와 결과에 대한 사실을 전할 때만 '–아(어)서'를 사용하는 경우가 많은데 ⑤의 문장처럼 마지막에 추측을 표현하는 경우에도 '–아(어)서'를 사용할 수 있다.

3) 그때 그 일을 내가 했었다면, 지금 나는 여기에서 이리 힘들게 살고 있지는 않을 것이다.

위의 예문 3)은 마지막 서술 부분이 후회를 나타내는 것이다. 이럴 때는 과거의 행동이 후회가 되는 것이기 때문에 과거 부분 즉 앞부분(선행절)에 과거 시제 표현을 한다. 그런데 만약 '후회'를 '그 일을 내가 할걸'과 같이 단문으로 표현했다면 '–ㄹ걸'이 가지고 있는 '지난 일에 대한 후회' 의미 때문에 충분히 과거 사실에 대한 후회가 드러난다. 때문에 굳이 과거 표현을 쓰지 않는다. 그리고 위의 3)에서 '–을 것이다'란 표현은 '–을 텐데'와도 의미상 바꿔 쓸 수 있다. 그런데 필히 과거형을 쓰고 싶다면 '그 일을 내가 할걸 그랬다.'로 표현해 주면 된다.

4) ① 신호등 앞에서 교통사고가 났는데, 피해자가 많이 다쳤나 보더라.

② 신호등 앞에서 교통사고가 났는데, 피해가 크겠더라.

위의 예문 4)를 보면 사고가 난 것은 말하는 상황보다는 과거이다. 위의 경우는 이미 일어난 과거 상황을 토대로 말하는 사람이 추측을 하고 있는 것이다. 그래서 앞 상황에 과거 시제를 표현하게 되는 것이다.

5) 네가 스스로의 힘으로 이 일을 했으리라고 나는 믿는다.

위의 예문 5)는 '나'가 '너'의 행동에 대한 바람을 나타내는 경우이다. 그런데 이미 상대방 '네'가 해놓은 일의 결과가 확실하지 않은 상황에서의 '바람'인 것이다. 그래서 '후회' 때와 비슷하게 앞부분에 시제가 더 표현이 되는 것이다.

연습 문제

1. 다음 문장을 완성할 때 적절한 연결어미를 골라보자.
   1) 일을 열심히 (하고, 해서) 부모님을 모시고 싶습니다.
   2) 시골에 (가고, 가서) 친구들을 만나겠습니다.
   3) 날마다 밥을 (먹고, 먹어서) 이를 닦습니다.
   4) 손을 (씻고, 씻어서) 밥을 먹습니다.
   5) 차에서 (내리고, 내려서) 기다리시면 그 사람이 마중을 올 겁니다.
   6) 빨간 티셔츠를 (입고, 입어서) 뛰고 있는 사람이 제 친구입니다.
   7) 공항버스를 (타고, 타서) 가는 것이 편할 듯합니다.
   8) 친구의 사전을 (빌리고, 빌려서) 숙제를 했습니다.
   9) 새벽에 (일어나고, 일어나서) 물을 마시고 운동을 합니다.
   10) 과일을 (씻고, 씻어서) 먹어요.
   11) 아이의 백일 사진을 (찍어서, 찍고) 고향에 계신 부모님께 보냈어요.
   12) 외투를 (벗고, 벗어서) 옷걸이에 (걸어서, 걸고), 자리에 앉았습니다.

2. 다음 보기의 연결어미를 사용하여 두 문장을 연결해 보자.

보기〉 -어(아, 여)서, -고, -(으)니까, -는, -(으)ㄴ, -(으)ㄹ, - (으)러, -(으)려고, -아도/어도, -는데

1) 나는 서점에 갔습니다 / 보고 싶었던 에세이 한 집을 샀습니다.

2) 누나는 대학교를 졸업했습니다 / 회사에 다닙니다.

3) 지금 면접시험 중입니다 / 조용히 하십시오.

4) 이 옷은 대학에 다닐 때 샀습니다 / 옷입니다.

5) 이 과자는 제가 기분이 우울할 때 자주 먹습니다 / 과자입니다.

6) 어제는 감기 몸살로 아팠습니다 / 학교에 오지 않았습니다.

7) 저기 원피스를 입으신 분이 다음 주부터 우리를 가르치겠습니다 / 선생님입니다.

8) 나는 밥을 먹을 것입니다 / 식당에 갑니다.

9) 책을 빌려야 합니다 / 도서관에 갑니다.

10) 공부를 많이 했습니다 / 불합격입니다.

11) 이 옷은 정말 예쁩니다 / 사이즈가 작습니다.

3. 다음 문장에서 틀린 곳을 찾아 올바르게 고쳐 보자.

1) 은행에 가고 돈을 찾습니다.

2) 어제 고향 친구들을 오랜만에 만나서 재미있겠군요.

3) 지금 아이들이 방에서 논 것 같습니다.

4) 먹구름이 있는 것을 보니까 비가 곧 오는 것 같습니다.

5) 김치를 직접 만들어 먹는 일이 있습니다.

6) 퇴근하면 집에서 텔레비전도 봐서 신문도 읽고 여러 가지 합니다.

memo

3장 한 단락 구성하여 글쓰기

단락이란 하나의 중심 생각을 담아내는 글의 단위이다. 한국어에서 음운이 모여 단어가 되고 단어가 모여 문장을 이루는 것처럼 문장이 모여서 단락이 되고, 단락이 모여서 하나의 글이 된다. 단락은 하나의 제재와 관련된 의미를 나타내는 중심문장과 이를 보조하는 뒷받침문장으로 이루어진다. 즉, 중심문장은 그 단락에서 나타내고자 하는 중심 내용을 하나의 문장으로 나타낸 것이고, 뒷받침문장은 하나의 단락에서 중심 내용을 보조하는 문장이다. 단락에서 중심 내용을 나타내는 중심문장을 '소주제문'이라고 한다. 이런 각 단락의 소주제문은 글 전체 주어와 관련된 하나의 내용으로 되어 있어야 하며, 간결하고 명료해야 한다.

① 바나나와 망고는 여러 면에서 공통점이 많다. ② 먼저, 색깔이다. 바나나와 망고는 익지 않은 상태일 때는 초록색을 띠다가 익으면 익을수록 색깔이 점점 옅어지면서 노란색이 된다. ③ 다음으로 비슷한 것은 맛이다. 바나나와 망고 두 가지 다 처음 익지 않았을 때는 떫은 맛이 있기도 하고, 쓴 맛이 느껴지기도 한다. 하지만 익을수록 단맛이 난다. ④ 그리고 바나나와 망고는 다 열대 지방, 즉 더운 나라에서 많이 생산된다는 점도 비슷하다. ⑤ 이렇듯 바나나와 망고는 색과 맛, 원산지 등 여러 면에서 공통점이 있다.

위의 예시에서 ①은 중심문장(소주제문)이다. ②~④ 문장은 ①의 내용을 보조해주는 뒷받침문장이다. 그리고 ⑤는 앞에서 나온 내용을 요약하며 ①의 내용을 강조하는 문장이므로 역시 중심문장(소주제문)이라고 할 수 있다.

1. 중심문장 쓸 때 유의할 점

하나의 생각을 완벽하게 전달할 수 있는 기본 단위는 문장이다. 그렇기 때문에 중심문장은 꼭 완전한 문장으로 나타내야 한다. 단락의 중심문장이라는 것은 단락에서 전달하고자 하는 하나의 중심 생각이다. 예를 들어, '여가 시간을 보내는 방법'과 같은 것은 완전한 문장으로 표현하지 않았기 때문에 중심 내용이 분명히 나타나지 않는다. 이것은 '여가 시간에는 취미 활동을 하는 것이 좋다.'와 같이 문장으로 나타내야 중심 내용이 분명해진다.

중심문장은 단락 전체의 내용을 포괄해야 한다. 중심문장은 그 단락에서 뒷받침하는 문장에 의해 나타내고자 하는 내용을 모두 담을 수 있어야 한다는 뜻이다. 그러나 중심문장이 한 편의 글이나 책 한 권으로 다루어야 할 정도로 지나치게 추상적이고 광범위해서도 안 된다. 예를 들어, “다이어트를 하는 가장 좋은 방법은 식이요법과 운동의 균형을 맞추는 것이다”라고 하면 뒷받침 내용에서 ‘식이요법과 운동의 방법 그리고 이 둘 간의 균형을 맞추는 것이 어떤 것인지에 관한 이야기가 서술되겠다.’를 짐작할 수 있다. 또 더 나아가 ‘가장 좋은 방법’이라 했기 때문에, 그 내용을 뒷받침하는 내용이 추가가 되겠구나도 짐작해 볼 수 있다. 그런데 제재를 ‘다이어트에 좋은 방법’에 대하여 글을 쓴다면 구체적으로 어떤 내용을 기술할지, 어느 범위까지 내용을 쓸 것인지 다시 한 번 고민을 해서 구체화해야 한다. 그렇지 않고 추상적인 주제로 쓰게 되면 글이 통일성을 잃기 쉽다.

중심문장은 짧고 간결하며, 하나의 개념만을 전달하는 것이 좋다. 중심문장을 쓸 때에는 꾸며 주는 말을 복잡하게 붙이는 것은 피하고, 단락의 중심 내용이 분명하게 나타나도록 쓴다. 중심문장이 지나치게 길면 읽는 이가 단락의 내용을 파악하는 데 어려움을 겪는다. 예를 들면, ‘교복을 입으면 학생들 서로 간에 통일감을 느낄 수 있어서 좋다.’와 같이 간결하면서 하나의 기준만을 정하는 것이 좋다. ‘교복을 입으면 학생들 서로가 통일감을 느낄 수 있어서 좋으나, 한편으로는 학생들의 개성을 생각하지 않았다는 단점도 있다.’와 같이 하나의 중심문장에 여러 기준을 포함하는 것은 좋지 않다.

2. 뒷받침문장 쓸 때 유의할 점

뒷받침문장은 중심 내용과 관련된 내용으로 구성해야 한다. 중심문장과 직접적으로 관련되지 않은 문장은 글의 초점을 흐리게 하여 글의 통일성을 깨뜨리게 된다.

뒷받침문장들은 중심문장을 알기 쉽게 이해할 수 있도록 구체화해야 한다. 이를 위해서는 중심문장에 적절한 예를 들어 보이거나, 중심문장이 왜 타당한지 그 근거나 이유를 들어 보일 수 있다.

3. 단락 쓰기의 과정

단락을 쓸 때에는 단락의 중심 내용을 먼저 정해야 한다. 중심 내용을 결정하지 않으면 단락의 내용에 일관성이 없어진다. 단락의 중심 내용은 글 전체 주제를 고려해서 정해야 한다. 하나의 단락에는 하나의 중심 내용만 들어가도록 쓰는 것이 좋다.

중심 내용이 결정되면 그것을 하나의 중심문장으로 나타내서 적절하게 배치해야 한다. 글의 표현 효과는 중심문장을 단락의 어느 위치에 둘 것인가에 따라 달라지기도 한다. 보통의 설명하는 글과 주장하는 글에서는 중심 내용을 글의 시작 부분에서 간략하게 제시하고, 마지막 부분에서 글을 요약하면서 다시 강조하거나 정리하는 방식을 취한다. 설명하는 글의 경우는 정리·이해를 돕기 위해서이고, 주장하는 글의 경우는 글쓴이가 주장하는 것을 정리·강조하기 위한 배치이다. 이렇듯 문장 위치의 적절한 배치는 글의 전달 효과와 관련하여 중요하다.

다음으로 중심문장을 뒷받침하는 내용을 써야 한다. 중심문장은 짧고 간결하게 쓰고, 뒷받침문장은 중심문장을 이해할 수 있도록 구체적으로 쓰는 것이 좋다. 단락의 길이는 4~8개의 문장으로 쓰는 것이 좋으며, 너무 짧거나 길면 좋지 않다. 단락의 길이가 너무 짧으면 중심 내용을 충분히 설명할 수 없고, 너무 길면 내용의 일관성이 결여될 수도 있기 때문이다.

4. 중심 내용의 위치에 따른 단락 구성

두괄식	중심 내용이 앞에 있고, 그것을 뒷받침하는 내용이 뒤에 나오는 구성
중괄식	중심 내용이 글(단락)의 가운데 나오는 구성
미괄식	뒷받침 내용이 앞에 있고, 중심 내용이 끝에 나오는 구성
양괄식	중심 내용이 각각 앞과 뒤에 나오는 구성
병렬식	여러 개의 중심 내용이 대등하게 나열되는 구성

1) 두괄식 구성

나는 마트보다는 시장에서 장을 보는 것이 더 좋다. 마트는 진열된 상품에서 내가 필요한 물건을 직접 골라서, 들고 나와 계산을 하면 되지만, 사람 간에 느낄 수 있는 정은 별로 느낄 수 없는 것 같다. 그런데 시장은 내가 사고 싶은 것을 사는 것은 같지만, 상품을 파는 사람과 대화를 하면서 가격 흥정도 할 수 있다. 그러한 과정에서 나는 정을 느낄 수 있어서 좋다. 심지어 시장에서는 말만 잘하면 '덤'이라는 것도 있다.

2) 중괄식 구성

여러분은 독서를 좋아하시나요? 좋아한다면 왜 좋아하나요? 아마도 여러 가지 이유가 있겠지요. 사람이 가지고 있는 지식의 양을 늘려주는 가장 좋은 방법이 독서라고 생각해요. 책에는 많은 이야기가 담겨져 있지요. 내가 경험을 통해 아는 이야기도 있지만, 내가 경험하지 못한 미지의 세계가 담겨있기도 해요.

3) 미괄식 구성

우리나라에는 여러 가지 직업의 종류가 있다. 그 중에는 일반적으로 전문직이라고 불리는 교수, 의사, 변호사, 검사, 교사, 배우 등이 있다. 그런데 이러한 전문직의 경우는 직업의 앞에 성별을 나타내는 '여'라는 글자를 붙여서 쓰는 경우가 많다. 예를 들면, '여의사', '여교수', '여검사', '여경(찰)', '여배우' 등이 그렇다. 이미 여성의 수가 더 많거나 보편화된 직업인 '교사'는 전문직이라 해도 '여교사'라고 말을 하지 않는다. 이는 전문직에서 여성에 대한 편견이 아직도 남아 있다는 것을 의미한다.

4) 양괄식 구성

물은 사람의 건강을 위해서 중요하다. 물은 우리 몸의 많은 부분을 차지한 만큼 우리 몸의 체온을 조절하고 우리가 섭취한 음식물의 영양소를 몸의 곳곳에 전달해 준다. 또 몸의 기관에 산소를 전달해 주기도 한다. 이 밖에도 물이 충분하면 피부도 좋아지는 등 여러 효능이 있다. 그렇기 때문에 물이 부족하면 여러 병의 원인이 되기도 한다. 이처럼 물은 사람의 몸에서 영양소와 산소의 전달 같은 기본적인 역할을 하므로 건강을 위해서 중요하다.

5) 병렬식 구성

다음으로 아이의 교육과 관련한 부모의 행동 방법으로 다섯 가지를 제시한다. 첫째, 아이와 대화할 때는 아이의 시선과 마주쳐주는 것이 좋다. 둘째, 아이의 태도를 관찰하여 고쳐야 할 부분, 몇 가지만 정해 그 부분에 대해서만 제지를 하고 그 외에는 되도록 허용하는 분위기를 조성해 준다. 셋째, 부모의 행동이나 말은 아이의 거울이기 때문에 아이가 하길 바라는 말이나 행동은 부모가 먼저 습관화한다. 넷째, 아이와의 약속은 시간이 걸리더라도 꼭 지키도록 한다. 다섯째, 아이가 잘못을 했을 때는 그 즉시 사람이 없는 곳으로 이동하여 훈육을 한다.

연습 문제

각 단락의 중심 문장을 찾아 밑줄을 긋고 어떤 구성 유형인지 말해 보자.

[1]

요즘 컴퓨터 게임으로 인한 문제가 심각하다. 초등학생은 물론 성인들도 게임에 열중하고 있다. 학생들의 경우는 오랜 시간 게임을 하게 되면 수업 시간에 집중력이 떨어지게 된다. 또한 성인의 경우도 불면증에 시달리게 되어 직장 생활에 어려움을 겪게 된다.

[2]

학교 폭력이 심각해지고 있다. 교내 폭력으로 인해 학교를 그만두는 학생도 있고, 심하면 자살하는 학생까지 생기고 있다. 한 통계 자료에 의하면 교내에 CCTV를 설치하면 폭력을 방지하는 데 효과가 있다고 한다. 따라서 심각해지는 학교 폭력을 예방하기 위해서 학교 안에 CCTV를 설치해야 한다고 생각한다.

[3]

고령화 문제를 해결하려면 정부의 노력이 필요하다. 평균 수명이 늘어나면서 노인의 수가 늘어나는 반면 출산율은 점점 감소한다. 그로 인해 노인들을 부양해야 할 젊은이들이 줄어들고 있어, 경제 발전 속도가 느려진다. 또 자식들의 도움을 받지 못하고 홀로 지내는 노인의 수가 많아지고 있으며, 이들을 돌보기 위한 제도를 만들어야 한다. 따라서 정부는 출산율을 높이기 위한 정책을 마련하여 고령화 사회에 대비해야 한다.

[4]

보통 창고는 물건을 필요하거나 당장은 필요하지 않지만 저장해둘 필요가 있는 물건을 보관하는 장소이다. 그런데 창고는 보관하고자 하는 물건의 특성에 따라 여러 가지가 있다. 예를 들어, 냉동 창고의 경우는 차갑게 냉동 상태에서 보관해야 하는 것을 저장하는 창고로 주로, 음식이 여기에 해당한다.

5. 한 단락 글쓰기

다음은 기숙사 생활의 장점을 한 단락으로 쓴 글이다. 다음의 글을 읽고 기숙사 생활의 단점을 주제로 한 단락 글쓰기를 해 보자.

[예]

기숙사 생활을 하면 좋은 점이 많습니다. 기숙사에서 생활하면 도서관이나 학생회관 같은 여러 가지 학교 시설을 이용하기가 편리합니다. 그리고 다른 학생들과 함께 즐거운 생활을 할 수도 있습니다. 또 기숙사에서 같은 과가 아닌 친구도 사귈 수 있습니다. 그렇게 새로 사귄 친구나 같은 과 친구와 함께 학생들끼리 모이면서 재미있는 경험을 할 수 있습니다.

• 다음 주제를 중심으로 내용을 생각해 보고, 한 단락을 완성해 보자.

기숙사 생활의 단점	① ② ③ ④ ⑤

• 다음 주제를 중심으로 아래 사항을 참고한 후, 한 단락을 완성해 보자.

■ **인터넷 쇼핑의 장점**

인터넷 쇼핑	
장점	단점
① 간단하고 편리하게 구매할 수 있다. ② 가격을 비교해 보고 구매할 수 있다. ③ ④	① 직접 보고 사는 게 아니어서 실제로 물건을 받았을 때 마음에 안 들 수 있다. ② 교환이나 환불이 더 불편할 때가 있다. ③ ④

① 간단하고 편리하게 구매할 수 있다.

인터넷 쇼핑은 현대인이 많이 이용하는 방법이다. 밖으로 나가거나 돌아다니지 않고 집 혹은 사무실에 앉아서 쉽게 쇼핑을 할 수 있기 때문이다. 인터넷 쇼핑은 방법도 간단하고 편리하다. 내가 사고자 하는 물품을 쇼핑 사이트에 들어가서 검색해서 상품이 검색되면, 구매하기를 누르면 된다. 그리고 결제를 마치면 쇼핑이 끝난다. 가령, 패딩부츠를 사고자 하면 신발을 구매할 수 있는 사이트를 들어가서 검색란에 패딩부츠를 입력하고, 여러 개의 상품이 검색되면 거기서 마음에 드는 신발을 골라 구매하기를 선택하면 된다.

② 가격을 비교해 보고 구매할 수 있다.

③

④

■ 인터넷 쇼핑의 단점

① 직접 보고 사는 게 아니어서 실제로 물건을 받았을 때 마음에 안 들 수 있다.

인터넷 쇼핑을 하고 나서 만족도는 극과 극이다. 사람마다 체형도 다르고 피부도 다르기 때문에 화면에서는 똑같이 예쁘게 봤더라도 실제로 받고 보면 다르기 때문이다. 또 인터넷 상품은 조명이 좋은 데서 사진을 찍기 때문에 더 그렇다고 한다. 그래서 인터넷 쇼핑은 직접 매장에 가서 구입하는 것보다 만족도가 낮다. 실제로 만져보거나 보고 사는 것이 아니기 때문에 실망하는 경우가 생기는 것이다.

② 교환이나 환불이 더 불편할 때가 있다.

③

④

2부
글쓰기의 방법

1장 비교와 대조

1. 비교와 대조란 무엇인가

비교(比較)와 대조(對照)는 어떤 대상을 설명할 때에 다른 대상에 빗대어서 설명하는 글쓰기 방법이다. 비교란 둘 이상의 대상이 지닌 유사점을 가지고 설명하는 것이며, 대조는 차이점을 가지고 설명하는 것이다.

비교와 대조는 둘 이상의 대상이 지니는 유사점이나 차이점을 밝힘으로써, 설명하고자 하는 내용을 보다 쉽고 명확하게 제시할 수 있는 글쓰기 방법이다. 이때에는 반드시 비교와 대조의 기준을 정하는 것이 중요하다. 예를 들어, 한복과 기모노를 비교·대조하면 다음과 같다.

구분	기준	한복	기모노
비교 (유사점)	종류	한 나라의 전통 옷	
	옷깃 형태	목선의 아름다움을 강조하는 V자형	
대조 (차이점)	입는 방식	상하 분리형	상하 일체형
	치마폭	풍성함	좁음

위의 표를 통해, 비교와 대조의 방법을 사용하여 한복과 기모노를 설명하면 다음과 같이 쓸 수 있다.

한복과 기모노는 한국과 일본을 대표하는 전통 의상이다. 한복과 기모노는 옷깃이 목선의 아름다움을 강조하는 V자형으로 되어 있다는 점에서 공통점이 있다. 그러나 한복은 저고리와 바지 또는 치마로 구분되는 상하 분리형으로 되어 있는 반면, 기모노는 상의와 하의가 분리되어 있지 않은 상하 일체형으로 되어 있다. 또한 한복 치마는 폭이 풍성하여 곡선의 미를 강조한 반면, 기모노는 폭이 좁아 직선의 미를 강조한다는 차이가 있다.

2. 비교와 대조를 사용한 예문 읽기

1) 비교를 사용한 예문 읽기

다음은 한국의 추석과 미국의 추수감사절을 비교한 것이다. 이 글을 읽고, 한국의 추석과 미국의 추수감사절의 유사점을 정리해 보자.

> 한국 전통명절 중의 하나인 추석은 미국 추수감사절(Thanksgiving Day)과 유사한 점이 많다.
>
> 미국의 추수감사절은 종교의 자유를 찾아 영국에서 신대륙으로 이주한 청교도들이 정착지에서 첫 추수를 마친 것을 기념해 신에게 감사기도를 올리고 잔치를 연 것에서 비롯되었다. 1789년 미국의 초대 대통령인 조지 워싱턴이 추수감사절을 국가기념일로 지정하였다. 당시에는 주마다 달랐던 추수감사절 날짜를 1863년에 링컨 대통령이 11월 마지막 주 목요일로 추수감사절 날짜를 지정하여 현재까지 이어져 온다. 추수감사절에는 각지에 흩어져 있는 가족들이 모두 모여 만찬을 즐기면서 연휴를 보낸다.
>
> 한국의 추석은 농경민족인 한국인들이 곡식을 수확하는 시기이자, 1년 중 가장 달이 둥근 날을 기념하는 전통 명절이다. 추석에는 가을에 수확한 햇곡식을 조상에게 바치면서 차례를 지니며, 조상의 산소에 가서 성묘를 하기도 한다. 날짜는 음력 8월 15일이며, 추석을 기준으로 앞날과 뒷날을 포함한 3일이 공휴일로 지정되어 있다. 추석에는 많은 사람들이 고향으로 돌아가 가족과 친지를 만나, 차례 음식을 나누며 연휴를 보낸다.

〈한국의 추석과 미국의 추수감사절의 유사점〉

①

②

③

2) 대조를 사용한 예문 읽기

다음은 한국·중국·일본의 젓가락 문화를 설명한 글이다. 다음의 글을 읽고 한국의 젓가락 문화가 중국·일본과 어떤 차이가 있는지 정리해 보자.

한국·중국·일본 세 나라는 음식을 먹을 때에 서양과 달리 젓가락을 즐겨 사용한다. 그런데 한국·중국·일본의 젓가락은 각기 다른 특성을 지닌다.

중국의 젓가락은 세 나라 중 길이가 가장 긴 편이며, 주로 나무 재질로 만들어져 있다. 중국인들은 주로 기름에 튀기거나 볶은 음식을 먹기 때문에, 손에 기름이 묻거나 데는 등의 위험을 방지하기 위해

길이가 긴 젓가락을 사용하는 편이다. 또한 큰 식탁 가운데에 위치한 음식을 집어먹기 쉽도록 긴 젓가락을 주로 사용하고 있다.

일본의 젓가락은 세 나라 중 길이가 가장 짧거나 한국과 비슷한 편이며, 중국과 마찬가지로 주로 나무 재질로 만들어져 있다. 일본의 쌀은 한국에 비해 찰기가 적은 편이라서 젓가락으로 집어먹기가 어렵기 때문에 일본인들은 밥그릇을 입에 대고 젓가락으로 쓸어 먹는다. 그러다 보니 짧은 형태의 젓가락을 사용하고 있다.

한국의 젓가락은 중국의 젓가락보다는 짧고, 일본의 젓가락보다는 길거나 비슷한 편이다. 한국의 쌀은 일본에 비해 찰기가 많은 편이기 때문에 젓가락으로 밥을 잘 집을 수도 있고, 숟가락으로 밥을 떠먹기 때문에 젓가락의 길이가 중국처럼 길거나 일본처럼 짧을 필요가 없다. 또한 한국인들은 주로 쇠젓가락을 많이 쓴다. 국문화가 발달되어 있어서 국에 젖지 않은 금속 소재로 젓가락을 만드는 경우가 많기 때문이다.

기준 \ 국가	한국	중국	일본
길이			
소재			

3. 비교와 대조를 사용한 글쓰기

한국의 문화 중 한 가지를 선택하여 자신의 나라와 비교·대조하는 글을 써 보자.

설명 대상		
구분	기준	내용
유사점		① ② ③
차이점		① ② ③

〈글쓰기〉

한국에 오기 전과 한국에 온 이후의 자신의 생활을 비교·대조하여, 한 편의 완성된 글을 써 보자.

구분	기준	내용
한국에 오기 전과 온 이후 변함없는 점		① ② ③
한국에 오기 전과 온 이후 달라진 점		① ② ③

〈글쓰기〉

memo

2장 분류와 분석

1. 분류와 분석이란 무엇인가

분류(分類)란 여러 가지 대상을 종류가 같은 것끼리 묶어서 설명하는 방식이다. 분류의 방법을 사용하여 글을 쓸 때에는 대상을 묶는 기준이 있어야 한다. 예를 들어, 여러 국가를 설명할 때에 국가를 묶는 기준을 대륙으로 한다면, 아시아·아프리카·유럽·북아메리카·남아메리카·오세아니아처럼 대륙별로 국가를 묶어 설명하면 된다. 만약 국가의 경제 체제를 기준으로 한다면 자본주의 국가와 사회주의 국가 등으로 분류하여 국가를 설명할 수 있다.

대상	기준	분류
국가	대륙	아시아, 아프리카, 유럽, 북아메리카, 남아메리카, 오스트레일리아, 남극대륙
	경제 체제	자본주의 국가, 사회주의 국가 등

분석(分類)이란 한 대상을 기준에 따라 여러 부분으로 나누어서 대상의 특징을 설명하는 방법이다. 예를 들어, 한국을 분석한다고 한다면 서울특별시·경기도·전라도·경상도·충청도·제주도 등과 같이 행정 구역별로 나누어 설명하거나, 문화·정치·경제적 특징으로 나누어 설명할 수 있다.

대상	기준	분석
대한민국	행정구역	서울특별시, 경기도, 전라도, 경상도, 충청도, 제주도 등
	특징	문화적 특징, 정치적 특징, 경제적 특징

2. 분류와 분석을 사용한 예문 읽기

다음의 예문은 김치를 설명한 글이다. 다음의 예문을 읽고, 분류와 분석 중 어떠한 방법을 사용했는지 살펴본 후 아래 표의 빈칸을 채워보자.

[예문 1]

김치의 주재료로 많이 사용되는 것은 배추, 무, 오이 등이 있다. 배추로 만든 김치에는 배추김치, 백김치, 보쌈김치, 양배추김치, 씨도리김치, 얼갈이김치 등이 있으며 배추김치와 백김치가 대표적이다. 무김치로는 깍두기, 총각김치, 숙김치, 서거리김치, 채김치, 비늘김치, 석류김치, 무청김치, 나박김치, 무말랭이김치, 무오가리김치, 비지미 등이 있으며 깍두기와 총각김치가 대표적이다. 열무로 만든 김치로는 열무김치와 열무물김치가, 오이로 만든 김치로는 오이소박이와 오이송송이, 오이깍두기, 오이지 등이, 파로 만든 김치로는 쪽파김치와 실파김치가 대표적이다.

한편 예부터 우리 조상들은 여러 종류의 나물을 이용하여 김치를 만들기도 하였는데, 나물류로 만든 김치는 깻잎김치, 호박김치, 미나리김치, 시금치김치, 콩나물김치, 고들빼기김치, 부추김치, 고수김치, 풋마늘김치, 도라지김치, 풋마늘김치, 가지김치, 고춧잎김치, 고구마줄기김치, 박김치, 호박지 등이 있다.

이 외에도 해조류와 어패류, 육류가 주재료가 되어 김치를 만들기도 한다. 해조류로 만든 김치로는 파래김치, 미역김치, 청각김치, 톳김치 등이 있다. 어패류로 만든 김치로는 굴김치, 대구김치, 북어김치, 오징어김치, 전복김치가 있으며, 육류로 만든 김치로는 닭김치, 꿩김치, 제육김치가 대표적이다.

—출처: 두산백과, 「주재료에 따른 김치의 종류」, 『doopedia』 (http://terms.naver.com/entry.nhn?docId=1392937&cid=40942&categoryId=32112에서 인출 및 윤문)

대상	기준		분류
김치	재료	배추	
		무	
		열무	
		오이	
		나물	
		해조류	
		어패류	
		육류	

[예문 2]

지역별 김치의 특성

서울 김치는 모양이 화려하고 가짓수가 많은 것이 특징이다. 조선시대부터 도읍지였던 이 지역은 오랜 기간 문화생활의 중심지로 왕족과 양반이 많이 살았기 때문에 김치도 궁중에서 먹던 김치를 중심으로 발달하였다. 또한, 격식이 까다롭고 맵시를 중요시 여겨 모양을 예쁘고 작게 만들며 양념도 곱게 다져 사용했다고 한다.

경기도 김치는 싱겁지도 짜지도 않은 중간 정도의 맛을 지녔다. 지리적으로 중간에 위치한 경기도는 김치의 모양이 화려하고 풍요로우며 서해의 풍부한 해산물과 동해 산간 지방의 산채와 곡식이 어우러져 김치의 맛과 종류 또한 매우 다양한 것으로 유명하다. 다양한 재료로 호화로운 양념들을 사용하여 화려한 모양과 맛을 내기도 한다.

강원도 김치는 다양한 기후 환경에 따라 특색 있는 김치들이 많다. 강원도 산간 지방에는 채소를 이용한 김치가 많으며, 바닷가 지역과 인접한 강원도 영동 지방에는 말린 생태와 생오징어를 잘게 썰어 만든 양념소를 사용하여 만든 김치가 많다.

충청도 김치는 서울·경기도 지방에 비해 사치스럽지 않고 양념을 적게 사용하여 담백하고 구수한 맛을 내며 그 모양이 소박한 것이 특징이다. 젓국을 많이 쓰지 않고 소금만을 사용하는 것이 보통이고, 표고버섯을 채 썰고 배, 밤 등의 재료를 넣어 은근한 맛이 우러나오도록 담그기도 한다.

전라도 김치의 특징은 젓갈을 많이 사용하여 맵고 짜지만 특유의 진한 감칠맛이 난다는 것이다. 전라도는 맛의 고장이라 불리는 만큼 곡식, 해산물, 산채 등의 재료가 많아 김치의 종류가 다양하다.

경상도 김치는 고춧가루와 마늘을 많이 사용하여 얼얼하고 맵게 만드는 것이 특징이다. 맛은 자극적이지만 그 모양은 소박하다. 그리고 따뜻한 기후 때문에 김치가 쉽게 익는 것을 방지하기 위해 소금간을 짜게 하고, 젓갈을 많이 쓴다.

제주도 김치는 기후가 따뜻하여 한겨울에도 싱싱한 채소를 구할 수 있기 때문에 오래 익히지 않고 조금씩 담가 바로 먹는 것이 특징이다. 제주도 김치에는 해물이 많이 들어가고, 국물을 넉넉히 부어 담그는 김치가 많다.

—출처: 이영순·김선희·김경진·허세은·이정원·정광열·정은숙·김가연, 『각 지역별 전통재료로 만든 팔도 김치 & 퓨전요리』, 도서출판 린, 2014, 10~15쪽에서 발췌 및 윤문.

대상	기준		분석
김치	지역	서울	
		경기도	
		강원도	
		충청도	
		전라도	
		경상도	
		제주도	

3. 분류와 분석을 사용한 글쓰기

자신이 본 한국의 드라마, 또는 영화를 기준을 정하여 분류해 보고, 그 중의 한 편을 골라 설명하는 글을 써 보자.

대상	기준	분류	
한국 드라마 또는 영화	장르	의학드라마(영화)	
		범죄드라마(영화)	
		역사드라마(영화)	
		정통멜로드라마(영화)	
		정통코믹드라마(영화)	

설명 대상	
〈글쓰기〉	

다른 나라의 사람에게 고향의 음식 문화의 특징을 분석하여 설명하는 글을 써 보자.

대상	기준	분석
고향 음식 문화		

설명 대상	

〈글쓰기〉

memo

3장 묘사와 서사

1. 묘사와 서사란 무엇인가

묘사(描寫)란, 어떤 대상을 설명할 때에 마치 그림을 그리듯이 자세하게 표현하는 것을 말한다. 다시 말해, 독자가 대상의 모양이나 색, 소리 등을 감각적으로 느낄 수 있도록 자세히 표현하고 싶을 때에 묘사를 사용한다. 대상을 묘사하는 방법은 다양하다. 전체적인 이미지에서 부분적인 이미지로 나누어 묘사하거나, 대상을 '위에서부터 아래로' 혹은 '왼쪽에서 오른쪽으로'와 같이 일정한 순서를 정해서 묘사할 수 있다. 또는 인상 깊은 부분만 자세히 묘사할 수도 있다. 묘사를 잘하기 위해서는 대상의 이미지나 특징이 생생하게 드러날 수 있도록 어휘를 풍부하게 사용하거나, 이미 익숙한 대상에 빗대어서 표현하는 것이 좋다.

서사(敍事)란, 시간의 흐름에 따라 대상이나 사건을 중심으로 설명하는 것을 말한다. 서사를 잘하기 위해서는 '누가, 언제, 어디서, 무엇을, 어떻게, 왜'와 관련된 질문을 던지고 이에 답하는 형태로 글을 쓰면 된다.

묘사와 서사의 방법으로 한국을 상징하는 꽃인 '무궁화'에 관한 글쓰기를 한다면 다음과 같다.

무궁화	묘사	무궁화는 꽃 모양이 마치 종과 같다. 종처럼 오목한 꽃 가운데 꽃술이 높이 솟아 있다. 무궁화의 꽃잎 색은 분홍색, 붉은색, 흰색 등 다양하며, 꽃잎 밑동에는 단심이라고 부르는 붉은색 무늬가 있다. 무궁화의 잎은 마름모 모양이며, 가장자리가 톱니 모양처럼 되어 있다.
	서사	무궁화는 매일 새로운 꽃이 피고 진다. 무궁화는 새벽에 꽃이 활짝 피었다가 오후에는 오므라들면서 시들어 버린다. 꽃을 피우는 기간은 보통 7월부터 10월까지 약 100일 정도이다. 여름부터 가을까지 새로 난 가지의 밑에서 위로 올라가면서 차례차례 꽃을 피우면서 꽃이 지다보니, 마치 '끝이 없는 꽃'처럼 보인다하여 이름을 무궁화(無窮花)라 부른다.

2. 묘사와 서사를 사용한 예문 읽기

1) 묘사를 사용한 글

다음은 유홍준의 『나의 문화유산답사기』에서 한국 남도의 봄을 묘사한 글의 일부분이다. 다음의 글을 읽고, 남도의 봄을 머릿속으로 상상해 보자. 그런 다음, 남도의 봄을 묘사하기 위해 사용한 색을 나열해 보자.

> 유난히도 봄이 일찍 찾아온 금년 3월 28일, 강진땅의 모든 봄꽃이 피어 있었다. 산그늘마다 연분홍 진달래가 햇살을 받으며 밝은 광채를 발하고 있었고, 길가엔 개나리가 아직도 노란 꽃을 머금은 채 연둣빛 새순을 피우고 있었다. 무위사 극락보전 뒤 언덕에는 해묵은 동백나무에 선홍빛 동백꽃이 윤기나는 진초록잎 사이로 점점이 붉은 홍채를 내뿜고, 목이 부러지듯 잔인하게 떨어진 꽃송이들은 풀밭에 누워 피를 토하고 있었다. 그리고 강진읍 묵은 동네 토담 위로는 키 큰 살구나무에서 하얀 꽃잎이 떨어져 내리고 있었다. 이것이 바로 남도의 봄빛이었다.
>
> 피고 지는 저 꽃잎의 화사한 빛깔은 어쩌다 때가 되면 한번쯤 입어보는 남도의 연회복이라면, 남도땅의 평상복은 시뻘건 황토에 일렁이는 보리밭의 초록물결 그리고 간간이 악센트를 가하듯 심겨 있는 노오란 유채꽃, 장다리꽃이다.
>
> 한반도에서 일조량이 가장 풍부하다는 강진의 하늘빛은 언제나 맑다. 강진만 구강포의 푸르름보다도 더 진한 하늘빛이다. 그것은 우리

가 알고 있는 청색의 원색이다. 색상표에서 제시하는 바 사이언(C) 100%이다. 솔밭과 동백나무숲이 어우러지며 보리밭 물결이 자아내는 그 빛깔은 노란색과 청색 100%가 합쳐진 초록의 원색이다. 유채꽃, 장다리꽃, 개나리꽃은 100% 노랑(Y)의 원색이며, 선홍색 동백꽃잎은 100% 마젠타(M)이다. 그 파랑, 그 초록, 그 노랑, 그 빨강의 원색을 구사하며 그림을 그리는 화가는 남도의 봄 이외에 아무도 없다. 그 원색을 변주하여 흑갈색 황토와 연분홍 진달래, 누우런 바다갈대밭을 그려낸 화가도 남도의 봄 이외엔 아무도 없다.

서양사람들이 그들의 자연 빛에 맞추어 만든 먼셀색상표에 눈이 익어버렸고, 그 수치에 맞추어 제조된 물감과 잉크로 그림 그리는 일, 인쇄하는 일, 그렇게 제작된 제품에 익숙한 우리의 눈에 저 남도의 봄날이 그려보인 원색의 향연은 차라리 이국적이고, 저 먼 옛날 단원 김홍도, 혜원 신윤복 그림에서나 본 조선왕조의 원색으로 느껴진다. 하물며 연지빛, 등황빛, 치자빛, 쪽빛의 청순한 색감을 여기서 더 논해 무엇할 것이냐.

—출처: 유홍준, 『나의 문화유산답사기 1』, 창비, 2010, 33~34쪽.

〈색 나열하기〉

2) 서사를 사용한 글

다음 예문은 한국의 전래동화인 『해와 달이 된 오누이』이다. 다음의 한국 전래동화를 읽고, '누가, 언제, 어디서, 무엇을, 어떻게, 왜'라는 항목을 생각해가며 줄거리를 요약해 보자.

> **해와 달이 된 오누이**
>
> 옛날 옛날에 깊은 산속 어느 외딴집에 엄마와 오누이가 오순도순 살고 있었어요. 오누이의 엄마는 아침 일찍 오누이를 집에 남겨두고 이 마을 저 마을로 떡을 팔러 나갔지요.
>
> 그러던 어느 날 저녁, 집으로 돌아오던 엄마 앞에 커다란 호랑이가 나타났어요.
>
> "떡 하나 주면 안 잡아먹지."
>
> 겁이 난 엄마는 얼른 떡 하나를 주고 다음 고개를 넘었어요. 그런데 다음 고개를 넘어가는데 호랑이가 다시 나타나 이렇게 말하는 거예요.
>
> "떡 하나 주면 안 잡아먹지."
>
> 엄마는 고개를 넘을 때마다 호랑이에게 떡을 다 빼앗겼어요. 결국 엄마는 호랑이에게 잡아먹히고 말았답니다.
>
> 그런 줄도 모르고 오누이는 밤늦도록 엄마를 기다렸어요. 그런데 엄마를 잡아먹은 호랑이가 오누이 집으로 가서 문을 흔들며 소리쳤어요.
>
> "얘들아, 엄마 왔다. 문 열어라."
>
> 누이동생은 얼른 문을 열려고 했어요. 하지만 오빠가 누이동생을

붙들었어요.
"우리 엄마 목소리는 고운데, 왜 목소리가 그렇게 쉬어 있지요?"
"오는 길에 찬 바람을 많이 맞아서 목이 쉬었단다. 어서 문 열어라."
"그럼, 손을 내밀어 보세요."
그러자 창호지 문을 뚫고 큰 손이 쑤욱 들어왔어요. 오누이가 그 손을 만져보았더니, 털이 많고 거칠었어요.
"우리 엄마 손은 부드러운데, 왜 이렇게 손이 거칠죠?"
"엄마가 일을 많이 해서 손이 거칠어진거란다. 엄마가 늦어서 화가 났나보구나. 배고프지? 엄마가 얼른 밥을 차려주마."
호랑이는 부엌으로 들어가 밥을 차리는 시늉을 했어요. 그때 오누이는 살짝 부엌을 내다보았어요. 그런데 치마 밖으로 호랑이 꼬리가 보이는 것이 아니겠어요?
오누이는 얼른 뒷마당으로 나가, 우물 옆에 있는 커다란 나무 위로 올라갔어요.
조금 뒤, 오누이가 도망친 것을 안 호랑이는 오누이가 올라간 나무 아래로 좇아왔어요. 호랑이는 나무 위로 올라가려고 했지만, 도저히 올라갈 수 없었지요.
"얘들아, 어떻게 그 높은 나무 위로 올라갔니?"
오빠는 얼른 꾀를 내어 이렇게 말했어요.
"참기름을 발에 발라서 올라왔지."
호랑이는 오빠 말대로 참기름을 발에 바른 후, 나무 위를 올라가려고 했지만 주룩주룩 미끄러지기만 했어요.
이 모습을 본 누이동생은 호랑이가 우스웠어요.
"크크크, 바보 같은 호랑이. 도끼를 찍으면서 올라오면 될텐데."

이 말을 들은 호랑이는 얼른 도끼를 가져와서 나무를 쿵쿵 찍으며 한발 한발 나무 위로 올라갔어요.

그 모습을 본 오누이는 하늘에 대고 빌었어요.

“하느님, 우리를 살려주시려면 새 동아줄을 내려주시고, 우리를 죽이시려면 썩은 동아줄을 내려 주세요.”

그때 하늘에서 새 동아줄이 내려왔어요. 오누이는 얼른 동아줄을 잡고 하늘 위로 올라갔어요.

호랑이도 그것을 보고 하늘에 대고 빌었어요.

“하느님, 저를 살려주시려면 새 동아줄을 내려주시고, 저를 죽이시려면 썩은 동아줄을 내려 주세요.”

이번에도 하늘에서 동아줄이 내려왔지요. 호랑이는 얼른 동아줄을 붙잡고 하늘로 올라갔어요. 그런데 호랑이가 잡은 동아줄은 썩은 동아줄이었지요. 그래서 잠시 후 썩은 동아줄이 끊어져서 호랑이는 아래로 떨어져 뾰족뾰족한 수숫대 밑동에 찔려 죽고 말았어요.

지금도 수숫대가 붉은 것은 그때 죽은 호랑이의 피가 묻어서 그런 거랍니다.

하늘로 올라간 오누이는 해가 되었고, 오빠는 달이 되었어요. 그런데 부끄러움이 많은 누이동생은 사람들이 자기의 얼굴을 쳐다보는 것이 부끄러워서 눈부신 빛을 뿜어 사람들이 쳐다보지 못하게 했지요. 그래서 지금도 우리는 해를 똑바로 쳐다볼 수 없는 것이랍니다.

〈줄거리 요약〉

3. 묘사와 서사를 사용한 글쓰기

다음은 조선시대 유명한 화가인 김홍도의 〈서당도〉라는 작품이다. 이 그림을 보고 김홍도의 〈서당도〉를 묘사해 보자.

—출처: 김홍도, 〈서당도〉, 국립민속박물관 (https://www.nfm.go.kr/common/data/home/relic/detailPopup.do?seq=PS0100200100100152200000에서 인출)

서당이란?

서당은 조선후기에 어린 아이들을 가르치기 위한 교육시설이다. 서당은 선생님인 훈장(訓長)과 학생인 학도(學徒)로 구성되는데, 학도는 대개 6~7세에 입학하여 14~15세에 마치는 것이 보통이었다. 서당에서는 『천자문(千字文)』에서부터 『논어(論語)』 등 유교경전에 이르기까지 한문 교재를 암송하거나 글쓰는 연습을 하였다.

—출처: 국립민속박물관, 「서당」, 『네이버지식백과』 (https://terms.naver.com/entry.nhn?docId=1010519&categoryId=42923&cid=42923에서 인출)

그림의 일부분	묘사하기

〈종합하여 글쓰기〉

최근 자신의 나라에서 발생한 사건 중 흥미로운 것을 하나 골라, 육하원칙에 맞춰 서사의 방식으로 소개하는 글을 써 보자.

누가	
언제	
어디서	
무엇을	
어떻게	
왜	
글쓰기	

4장 정의

1. 정의란 무엇인가

정의(定意)는 어떤 단어의 의미를 설명해 주는 글쓰기 방법이다. 정의의 방법 중 가장 대표적인 것은 사전적 정의를 사용하는 방법이다. 사전적 정의는 일반적으로 사전(辭典)에 명시된 단어의 뜻을 밝히는 것이다. 사전에 명시된 단어의 뜻을 그대로 옮기지 않더라도, 단어의 기본적인 의미를 설명하는 방식을 사전적 정의라고 한다. 사전적 정의는 자신이 사용하는 단어가 어떤 부류에 속하며, 그 부류 속에 속한 다른 단어들과 어떠한 차이가 있는지를 알려주는 방식으로 이루어져 있다.

예를 들어, '사람'을 정의한 문장은 다음과 같다.

사람이란 생각을 하고 언어를 사용하며, 도구를 만들어 쓰고 사회를 이루어 사는 동물을 의미한다.

—출처: 국립국어원, 「사람」, 『표준국어대사전』
(http://stdweb2.korean.go.kr/search/List_dic.jsp에서 인출)

위의 예시 문장을 보면, 사람은 동물이며, 동물 중에서도 '생각을 하고 언어를 사용하며, 도구를 만들어 쓰고 사회를 이루어 사는 동물'이라는 것을 알 수 있다.

그런데 사전적 정의만으로는 그 단어의 의미를 제대로 설명하기 어려운 경우가 많다. 이럴 때에는 확대 정의를 사용하여 글을 쓰면 된다. 확대 정의는 사전적 정의 이외에도 앞에서 살펴보았던 여러 가지 글쓰기 방법, 즉 분석, 분류, 비교, 대조 등을 사용하여 단어의 의미나 특성 등을 자세하게 풀어 쓰는 것을 의미한다.

다음의 예를 보자.

사람 또는 호모 사피엔스(라틴어: Homo sapiens)는 두 발로 서서 걸어 다니는 사람과의 영장류 동물이다. 지구상의 사람을 통틀어 인류(人類)라고도 한다. 사람은 추상적인 사유, 언어 사용, 자기반성, 문제 해결을 할 수 있고, 감정을 느낄 수 있는 고도로 발달한 두뇌를 지니고 있다. 이로써 인간은 개인이 자신을 통합적으로 인식하는 주체가 된다.

대부분의 고등 영장류와 마찬가지로 사람은 사회적 동물이다. 그런데 다른 고등 영장류와 달리 사람은 자기표현, 생각의 교환, 조직화를 할 수 있도록 언어를 비롯한 의사소통 체계를 이용하는 데 매우 능숙하다. 사람은 가족에서 국가까지 협동·경쟁하는 많은 집단으로 이루어진 복잡한 사회 구조를 만들어 냈고 사회 조직 내에서 다른 사람과 구별하기 위해 성이나 이름을 가지고 국가에 따라서는 계급을 가진다. 사람끼리의 사회적 상호 작용은 인간 사회의 기반이 되는 다양한 전통, 의식, 윤리, 가치, 사회 규범, 법을 만들었다. 사람의 미를 감상하는 능력과 자기표현의 욕망이 결합하여 예술, 글, 문학, 음악과 같은 문화적 혁신을 이끌었다. 사람은 사람을 둘러싼 세계를 이해하고 영향을 미치려는 욕망 때문에 과학, 철학, 신화, 종교를 통해 자연적인 현상을 설명하고 다루려고 한다.

이러한 지적, 심리적 능력과 함께, 직립 보행을 하기 때문에 자유롭게 쓸 수 있는 앞다리(팔)를 이용해 다른 종보다 훨씬 정교한 도구를 만들 수 있다. 이는 도구와 기술의 발전을 가져왔고, 사람은 스스로 불을 만들고, 요리하고, 옷을 입으며, 수많은 기술을 다루고 발전시키는 유일한 종이 되었다. 사람은 이러한 기술과 지식을 교육함으로써 다음 세대에 물려준다.

—출처: 위키피디아, 「사람」, 『위키백과』
(https://ko.wikipedia.org/wiki/%EC%82%AC%EB%9E%8C에서 인출 및 윤문)

위의 예문은 '사람'이라는 단어의 의미나 특성을 자세히 풀어쓴 글이다. 위의 예문에서는 '사람'을 자세히 풀어쓰기 위해, 사람이 아닌 동물과 비교하거나 대조하기도 하며, 사람의 특징을 분석적으로 제시하고 있음을 살펴볼 수 있다.

2. 정의를 사용한 예문 읽기

다음은 한국학중앙연구원에서 발간한 『한국민족문화대백과』에서 '문화'를 설명한 글을 윤문한 것이다. 다음의 글을 읽고 '문화'를 어떻게 정의하고 있는지 살펴보자.

문화(文化, culture)라는 용어를 한 마디로 정의하기란 불가능하다. 문화는 매우 다양한 의미를 갖고 있는 개념이다. 문화에 대한 다양한 정의 방식 가운데 대표적인 몇 가지만 살펴보기로 한다.

○교양으로서 문화

19세기 매슈 아놀드(Mathew Arnold) 같은 사람들에 의해 대표되는 서구 문학비평에서 문화는 흔히 인간 사고와 표현의 뛰어난 집합체라는 의미로 정의되었다. 여기에는 위대한 문학, 미술, 음악 등에 대한 지식과 실천을 통한 정신적 완성의 추구라는 열망이 담겨 있다. 예컨대 우리가 문화인이라는 용어를 쓸 때 흔히 그것은 뛰어나고 수준 높은 교양을 가진 사람을 의미하게 된다. 이런 문화 개념에 기초하여 비평가들은 최상의 작품을 찾는 데 몰두해왔고 문화란 뛰어난 것을 판별하고 감상할 수 있는 능력을 의미하는 것으로 이해되어 왔다.

○진보로서 문화

문화는 한 사회의 정신적, 물질적 발전 상태를 의미하는 경우도 있다. 이때의 문화는 문명(civilization)이란 개념과 혼용되기도 한다. 그러나 18세기 후반에 이르면 문화와 문명이 구분되기 시작하여 문화는 정신적 발전 상태를, 문명은 물질적 발전 상태를 지칭

하는 말로 쓰이게 된다.

○ 예술 및 정신적 산물로서 문화

현대사회에서 문화는 주로 정신적이거나 지적이고 예술적인 산물을 지칭하는 의미로 사용된다. 신문의 문화면은 문학, 예술, 종교, 학문, 교육, 패션, 방송, 영화 등의 주제로 구성되며, 이는 신문의 다른 면을 구성하는 정치, 경제, 사회 등의 영역과 구분된다. 문화를 이렇게 인간의 정신 활동과 관련된 몇 가지 영역으로 정의하는 방식에는 문화를 물질적 생산이나 분배를 둘러싼 사회관계와 분리해 사고하는 관념이 깔려 있다.

—출처: 한국학중앙연구원, 「문화」, 『한국민족문화대백과』
(http://terms.naver.com/entry.nhn?docId=554876&cid=46634&categoryId=46634에서 인출 및 윤문)

3. 정의를 사용한 글쓰기

사전을 찾아 '어른'의 사전적 정의를 써본 후, 아래의 대화를 읽고 '어른답다'와 '어른스럽다'라는 말의 뜻을 각각 써 보자.

민준: 어른답지 못하게 왜 이렇게 화를 내니? 어른인 줄 알았더니.
송이: 어른? 난 이미 어른이야.
민준: 다 큰 성인이라고 다 어른은 아니야. 어른답게 행동해야지.

어린이집 선생님: 동건아, 많이 아프니?
동건: 네. 선생님, 그래도 엄마에게는 저 다쳤다고 말하지 마세요.
어린이집 선생님: 아니, 왜?
동건: 내가 다쳤다고 하면 엄마가 많이 속상해 하잖아요.
그러니까 엄마에게는 말하지 마세요.
어린이집 선생님: 그래? 우리 동건이 참 어른스럽구나.

어른	
어른답다	
어른스럽다	

다음 중에서 하나를 골라 정의를 사용하여, 자기 나라의 풍습을 다른 나라 학생들에게 설명하는 글을 써 보자.

- 생일 풍습
- 명절 풍습
- 결혼 풍습

〈글쓰기〉

memo

3부
글쓰기의 유형

1장 글의 구성과 개요 작성

2장 주장하는 글쓰기

3장 감상문 쓰기

4장 비평문 쓰기

5장 자기소개서 쓰기

1장 글의 구성과 개요 작성

1. 글의 구성

글을 쓰기 위해서는 우선 무엇을 이야기할 것인지 주제를 정하고 주제의 재료가 되는 글감을 찾아야 한다. 이후에는 글을 어떤 순서와 방법으로 써 나갈 것인지 정리하는 과정이 필요하다. 이처럼 준비된 글의 재료들을 밀접한 관련성을 바탕으로 배열시키는 작업을 구성이라 한다. 구성은 글을 쓸 때 방향을 잃지 않도록 돕는 이정표의 역할을 한다고 볼 수 있다.

글을 구성할 때에는 무엇보다 글 전체의 논리적 흐름이나 인과적 관계 등을 고려해야 한다. 주제를 중심으로 각 단락의 세부적인 내용이 매끄럽게 일관성을 유지하면서 체계적으로 전개될 때 객관성과 타당성을 갖춘 글이 될 수 있다.

글을 구성하는 방법은 글의 종류와 성격에 따라 매우 다양한데,

그 중에서도 서론—본론—결론의 3단 구성이 가장 간단하고 널리 이용되는 방법이다. 서론에서는 흔히 글을 쓰는 동기나 목적을 밝히고, 그 글에서 다루고자 하는 대상이나 문제를 제시한다. 본론에서는 다양한 방법으로 대상을 구체적으로 설명하거나, 문제에 관한 자신의 주장을 내세우고 객관적인 근거를 들어 이를 뒷받침한다. 마지막으로 결론에서는 앞에서 설명한 내용을 요약하여 정리하거나, 주장한 바를 강조하면서 문제의 해결을 위한 방법이나 미래의 전망을 제시하면 된다. 이때 각각의 분량은 1:3:1의 비율이 적당하며 어느 한 부분이 너무 많거나 적으면 좋지 않으므로 주의해야 한다.

2. 개요 작성하기

글을 쓸 때, 일정한 계획 없이 생각의 흐름에 따라 무작정 글을 쓰게 되면 글이 엉뚱한 방향으로 전개되기 쉽다. 따라서 글을 쓰기 전에는 무슨 내용을 쓸 것인지, 어떤 순서로 쓸 것인지 등을 구상해야 한다. 그리고 이를 바탕으로 간단한 개요를 작성해 두는 것이 좋다. 개요란, 글의 전체 구조를 한눈에 파악할 수 있게 구상한 내용을 간결하게 추려 도식화한 것이다. 이러한 개요를 통해 각 단락의 내용을 어떻게 구성할 것인지, 이를 어떠한 순서에 따라 전개할 것인지 알 수 있다.

개요를 작성해서 살펴보면 자신이 쓰고자 하는 글의 전체적인 구성이 논리적인지 아닌지, 각 단락의 내용이 인과적인지 아닌지를 쉽게 판단할 수 있다. 이를 통해 부족한 내용을 보충하거나 불필요한 내용을 삭제할 수 있어 보다 좋은 글을 쓸 수 있게 된다. 또한, 개요를 작성함으로써 글을 쓰는 과정에서 발생할 수 있는 시행착오를 줄일 수 있으며 글의 전체적인 통일성을 유지할 수 있다.

개요를 작성하는 방법에는 여러 가지가 있지만, 일반적으로 목차식 개요와 문장식 개요를 많이 쓴다. 목차식 개요는 각각의 항목을 핵심 단어 중심으로 간단히 정리한 것이고, 문장식 개요는 각각의 항목을 하나의 중심 문장으로 요약하여 서술한 것이다. 목차식 개요는 글의 내용과 전개 과정을 알기 쉽고 분명하게 드러낸다는 장점이 있고, 문장식 개요는 내용을 구체적으로 보여주어 글을 전체적으로 이해하게 한다는 장점이 있다. 이러한 개요 작성 방법은 글의 성격이나 주제, 개인의 성향에 따라 적절하게 선택하여 활용할 수 있을 것이다.

다음은 '노키즈존(No Kids Zone)의 문제점과 그 대책 수립'을 주제로 위와 같은 방식에 따라 개요를 작성한 것이다.

[목차식 개요]

- 주　제: 노키즈존(No Kids Zone)의 문제점과 대책 수립
- 주제문: 노키즈존이 내포한 문제점을 해결하기 위하여 다양한 방면에서의 대책 수립이 필요하다.

1. 서론
   - 노키즈존 확산 현상의 실태

2. 노키즈존 확산의 원인
   1) 일부 부모의 몰지각한 행태
   2) 안전사고에 대한 업주의 배상 책임
   3) (다수) 소비자 우선주의 가치관 팽배

3. 노키즈존 확산의 문제점
   1) 아동의 행복추구권 침해
   2) 약자 차별 및 혐오 문화 형성
   3) 비혼 문화 확산 및 출산 기피 현상에 영향

4. 노키즈존 확산에 대한 대책
   1) 부모 역할 및 아이 예절 교육 프로그램 마련
   2) 매장 내 아이들을 위한 공간 확장 및 운영 권고
   3) '배려'와 '공생'의 가치관 전환을 위한 사회문화 조성

5. 결론
   - 본론의 요약 및 강조

[문장식 개요]

- 주　제: 노키즈존(No Kids Zone)의 문제점과 대책 수립
- 주제문: 노키즈존이 내포한 문제점을 해결하기 위하여 다양한 방면에서의 대책 수립이 필요하다.

1. 서론
   - 최근 들어 아동의 출입을 금지하는 '노키즈존'을 거리 곳곳에서 볼 수 있다.

2. 노키즈존 확산의 원인
   1) 노키즈존은 공공장소에서 아이를 방치하거나 업주에게 비상식적 요구를 하는 일부 몰지각한 부모의 행태로 인해 생겨나기 시작했다.
   2) 안전사고에 대해 업주에게 배상 책임을 묻는 판결이 나옴에 따라 노키즈존 도입을 고려하는 영업점이 늘어났다.
   3) 소비자 우선주의 가치관의 팽배 현상이 노키즈존의 확산을 가져왔다고 볼 수 있다.

3. 노키즈존 확산의 문제점
   1) 노키즈존은 아동의 행복추구권을 침해한다.
   2) 노키즈존은 사회적 약자를 차별하거나 혐오하는 문화를 형성한다.
   3) 노키즈존은 비혼 문화를 확산하고 출산 기피 현상에 직간접적 영향을 주는 등 여러 사회적인 문제를 수반한다.

4. 노키즈존 확산에 대한 대책

1) 부모의 책임감을 길러주는 역할 교육 및 아이들을 대상으로 하는 예절 교육 프로그램이 마련되어야 한다.

2) 매장 내 아이들을 위한 공간을 확장하거나 운영하는 매장을 대상으로 세금 감면 등의 혜택을 주는 정부 차원의 노력이 요구된다.

3) 캠페인을 통해 부모와 업주, 소비자가 서로의 입장을 조금씩 이해하고 배려하며 공생하고자 하는 마음가짐을 갖게 할 필요가 있다.

5. 결론

–서로가 무조건 대립하기보다는 함께 살아갈 수 있는 사회를 만들어가야 한다.

2장 주장하는 글쓰기

1. 주장하는 글이란 무엇인가

주장하는 글이란 어떤 주제에 관하여 자기의 생각이나 의견을 조리 있게 밝혀 쓴 글이다. 글의 특성상 주관적인 성격을 띠지만, 다른 사람을 설득하려는 목적으로 쓴 글이기 때문에 타당한 근거를 가지고 객관적인 문체로 전개해야 한다.

주장하는 글을 쓰기 위해서는 가장 먼저 논점을 파악하고 이에 대한 태도를 분명히 정해야 한다. 주장을 결정했다면 이를 뒷받침할 근거를 마련해야 하는데, 이때의 근거는 다른 이의 공감을 얻을 수 있는 믿을 만한 자료여야 한다. 자료의 신뢰도는 근거의 타당성을 높이는 데 도움을 준다. 따라서 각종 통계나 책, 논문, 뉴스, 신문기사의 내용 등 검증된 자료를 근거로 사용하거나 전문가의 의견이나 견해를 인용하는 것이 좋다.

주장하는 글에서 가장 주의해야 할 점은 글의 시작부터 마지막에 이르기까지 주장이 논리적이고 일관되게 전개되어야 한다는 것이다. 서론에서 제시한 주장과 결론의 주장이 달라진다면 글 전체의 체계성이 무너지는 결과를 초래할 것이다. 다음으로, 자신과 상반되는 의견을 비난하거나 흑백논리로 서술하지 않아야 한다. 현실에는 무수한 예외가 존재하므로 지나치게 단정적으로 표현하면 자칫 글 자체가 비논리적으로 되어 버릴 가능성이 있다. 마지막으로 불확실하거나 단정적인 표현은 피하는 것이 좋다. 감상적인 어조나 감탄형 표현 역시 사용하지 않는다. 아울러 애매한 표현보다는 정확한 수치를 활용하고 간결하고 명확한 문장으로 설득력을 높여야 한다.

2. 주장하는 글 구성하기

1) 서론

서론은 글을 시작하는 부분으로, 전체 글의 인상을 좌우한다. 서론에는 보통 글을 쓰는 동기와 목적을 서술하고 문제를 제기한다. 서론에서 중요한 점은 읽는 사람의 관심을 끌 수 있는 내용으로 구성되어야 한다는 것이다. 따라서 사회적으로 화제가 된 사건이나 뉴스를 사례로 제시하거나 명언이나 속담 등을 인용하는 경우가 많다. 단, 사례를 너무 길게 늘어놓거나 전혀 새로울 것 없는 격언을 사용하는 것은 효과적이지 못하다.

[예시]

- 인간의 욕심과 관련된 속담 제시 (읽는 사람의 관심 끌기)
- 동물실험의 성행 (문제 제기)

'바다는 메워도 사람 욕심은 메울 수 없다'라는 속담이 있다. 인간은 수의학, 치의학, 의학 등의 연구 및 교육을 위해 포유류뿐만 아니라 다양한 종의 동물을 사용해 실험을 강행하고 있다. 이러한 동물실험의 성행은 '실험동물'을 탄생시켰고 많은 동물이 너무나 당연하게 희생되고 있다. 그러나 인간을 위한 동물실험은 실효성과 안전성, 그리고 생명윤리 차원에서 올바른 일이 아니다.

2) 본론

본론은 타당한 근거와 함께 주장을 명확히 드러내는 핵심 부분으로, 전달하고자 하는 바를 객관적이고 논리적으로 전개해야 한다. 본론을 쓸 때는 다양한 관련 자료들을 요약하고 자신의 언어로 정리하는 작업이 필요하다. 이러한 과정을 거쳐 주장을 뒷받침하는 근거로 활용한다. 이때 근거는 한 가지 이상을 나열하고, 각각에 설명을 덧붙여서 근거가 되는 이유를 밝혀야 한다. 그리고 그 내용에 따라 단락을 나누고 각각의 단락이 유기적인 통일성을 갖출 수 있게 해야 한다. 본론에서 주장을 효과적으로 제시하는 방법 중 일반적인 것은 자기와 반대되는 주장의 문제점을 근거로 들어 이에 대한 반론을 제시하는 것이다. 특히 찬성과 반대로 나누어지는 주제는 자신과 반대되는 주장에 논리적으로 반박할 수 있어야 설득력을 가질 수 있다.

[예시]

- 동물실험은 실효성이 부족함 (주장 및 근거 제시)
- 동물실험은 안전성이 보장되지 않음 (주장 및 근거 제시)
- 동물실험은 반윤리적이며 생명의 존엄성을 해치는 행위임 (주장 및 근거 제시)

동물실험을 찬성하는 이들은 인간의 질병 치료와 의약품의 안전성 확인을 그 필요성으로 꼽는다. 그런데 동물과 사람이 공유되는 병은 사실 1.16%에 불과하다. 이는 실험에 대한 실효성이 상당히 떨어지는 수치라고 할 수 있다.

그리고 동물실험으로 안전성이 확인된 내용이라고 해서 인간에게도 반드시 안전하다는 보장이 없다. 하나의 예로 '탈리도마이드'라는 약품은 동물에게는 아무 이상이 없었으나 사람에게는 치명적인 악영향을 미친다는 것이 밝혀졌다. 임신부에 투여했을 때 장애를 지닌 아이를 출산한 것이다.

또 생명과 직결되지 않는 화장품 회사 등 일부 기업에서는 단순히 싸고 빠르게 결과를 얻을 수 있다는 이유로 다른 대안이 있음에도 불구하고 동물실험을 강행하기도 한다. 이는 생명윤리를 거스르는 행위라고 할 수 있다. 동물도 하나의 생명으로서 고통을 피할 권리를 지니고 있다. 동물실험은 상당히 반윤리적이며 생명의 존엄성을 해치는 행위이다.

3) 결론

결론은 글을 정리하는 부분으로, 전체 내용을 종합하고 주장을 다시 한 번 강조하거나 미래에 대한 전망을 제시한다. 또는 통합적이고 합리적인 판단을 바탕으로 본론에서 서술한 문제점의 대안이나 해결 방안을 제시한다. 결론을 쓸 때 주의할 점은 서론, 본론의 내용과 반드시 일치해야 하며 전혀 관계없는 새로운 주장이나 화제를 넣어서는 안 된다는 것이다.

[예시]

- 동물실험은 금지되어야 함 (강조)

"예뻐지기 위해 널 다치게 할 수 없어."라는 화장품 회사의 광고 문구는 동물실험의 정당성에 의문을 던지는 현실을 반영한 것이다. 최근 NGO 단체들을 중심으로 불필요한 동물실험을 줄여나가는 운동이 확산하고 있으며 유럽 각지에서 동물실험을 금지하는 법안도 발효되는 추세이다. 인간을 위한 동물실험은 실효성이 없고 안전성에 문제가 있다는 점, 그리고 생명윤리의 면을 보아서도 금지되어야 한다.

3. 주장하는 글쓰기

1) 개요 작성하기

'자녀에 대한 체벌을 법적으로 금지해야 하는가?'라는 문제와 관련하여 자신의 입장을 드러낼 수 있는 제목과 개요를 작성해 보자.

[개요]

제목	
서론	
본론	
결론	

2) 서론 쓰기

'자녀에 대한 체벌을 법적으로 금지해야 하는가?'라는 문제와 관련하여 자신의 입장을 드러내는 글의 서론을 써 보자.

〈글쓰기〉

3) 본론 쓰기

'자녀에 대한 체벌을 법적으로 금지해야 하는가?'라는 문제와 관련하여 자신의 입장을 드러내는 글의 본론을 써 보자.

〈글쓰기〉

4) 결론 쓰기

'자녀에 대한 체벌을 법적으로 금지해야 하는가?'라는 문제와 관련하여 자신의 입장을 드러내는 글의 결론을 써 보자.

〈글쓰기〉

memo

3장 감상문 쓰기

1. 감상문이란 무엇인가

감상문(感想文)은 책을 읽고 난 다음에 '나'의 주관적인 느낌이나 감상을 쓰는 글이다. 따라서 책 속의 사건을 자신의 생활과 비교해 보거나, 연결지어 보면서 깨닫고 느낀 점을 구체적으로 써야 한다.

2. 감상문 구성하기

1) 제목 붙이기

제목은 '나'가 가장 감명 깊게 느낀 점을 압축한 것이다.

[제목 예]

벌레가 되어 버린 가족 －프란츠 카프카의 『변신』을 읽고－
내 아버지의 마지막 편지에 깃든 사랑 －정약용의 『유배지에서 보낸 편지』를 읽고－

위의 예와 같이 프란츠 카프카의 『변신』을 읽고 나서 물질만능주의로 인하여 가족이 점차 벌레가 되어가는 모습에 충격을 받았다면, 제목을 '벌레가 되어 버린 가족'으로 하면 된다. 또한 정약용의 『유배지에서 보낸 편지』를 읽고 나서, 내 아버지가 암으로 죽어가면서 쓴 마지막 편지와 정약용이 보낸 편지를 함께 자식을 걱정하는 부모의 마음으로 공감하였다면, 제목을 '내 아버지의 마지막 편지에 깃든 사랑'으로 하면 된다. 제목을 쓴 뒤에는 반드시 지은이와 읽은 책 이름을 부제로 제시하여 범위를 지정해야 한다. 제목을 먼저 쓰면 글의 줄거리가 흐트러짐 없이 중심이 잘 잡히고, 처음부터 끝까지 글의 질서가 유지되어 짜임새가 있다.

2) 개요 작성하기

개요는 줄거리나 작품 소개보다 내 생각과 느낌이 더 많은 분량이 되도록 해야 한다. 그리고 개요는 글이 다른 방향으로 흐트러지지 않도록 이정표와 같은 역할을 하므로 처음, 중간, 끝에 들어갈 내용을 적절히 나눈다.

(1) 처음

처음에는 책을 읽으면서 공감했던 내용을 중심으로 관련된 일화를 소개하듯이 쓰는 것이 중요하다. 예를 들면 아래 제시한 것처럼 지은이나 주인공을 소개로 시작하거나, 읽게 된 동기로 시작하여 전개해 나가거나, 책에서 인상 깊은 장면이나 말 등을 소개로 시작하면 된다.

지은이나 주인공을 소개로 시작하기
실학사상의 대표학자로서 '정약용'은 나에게 익숙한 이름이다. 18세기 실학사상을 집대성한 실학자로서 그의 업적을 국사 교과서에서 초등학교 때부터 배웠기 때문이다. 평생을 나라와 백성을 위해 몸을 바쳤던 그는 신유사옥으로 인해 사랑하는 가족들을 뒤로 한 채 귀양살이를 하게 된다. 귀양살이를 하면서 그는 '유배지에서 보낸 편지' 52통을 쓰게 된다. 두 아들의 아버지로서, 수많은 제자를 둔 스승으로서, 그는 하고 싶은 말이 많았나 보다. 내 아버지가 저 하늘로 떠나면서 나에게 '사막을 건너려는 소녀에게'라는 제목의 편지를 남겼듯이. 이 책의 지은이 정약용은 내 아버지를 다시 떠올리게 한다.

읽게 된 동기로 시작하여 전개해 나가기
『유배지에서 보낸 편지』를 처음 접했던 시기는 고등학교 때였다. 그때는 교과서에서 실린 부분만 읽었기 때문에 전체적으로 어떤 내용인지 제대로 알 수 없었다. 그런데 이 책을 전체적으로 읽고 감상문을 내라는 교수님의 말을 듣고 책을 사서 읽기 시작했다. 편지의 형식이었기 때문에 작가가 마치 나에게 쓴 편지처럼 공감하며 즐겁게 읽었다.

책에서 인상 깊은 장면이나 말 등을 소개로 시작하기
이 책에서 가장 인상 깊은 장면은 정약용이 독서하는 방법에 대해 말한 부분이다. 정약용은 "무릇 독서하는 도중에 의미를 모르는 글자를 만나면 그때마다 널리 고찰하고 세밀하게 연구하여 그 근본 뿌리를 파헤쳐 글 전체를 이해할 수 있어야 한다. 날마다 이런 식으로 읽는다면 수백 가지의 책을 함께 보는 것과 같다."라고 했다. 이 부분을 읽으며 지금까지 내 독서 방법에 어떤 문제점이 있는지 알게 되었다. 나는 독서를 할 때 모르는 부분이 나오면 다른 자료를 찾아보거나 근본 뿌리까지 파헤치려는 노력을 하지 않았다. 그래서 그동안 책 읽기의 진정한 기쁨을 느끼지 못했던 것이다. 하지만 앞으로는 한 권의 책을 읽으며 수백 권의 책을 읽는 재미를 느낄 수 있을 것 같다.

(2) 중간

줄거리 요약은 필자의 생각이나 느낌을 펼치는 데 필요한 만큼만, 최소한으로 제한한다. 또한 줄거리와 느낌은 따로 쓰지 말고 골고루 섞어서, 중간 중간에 자신의 경험이나 생각을 덧붙이면서 표현한다. 아래 제시한 것처럼 책의 내용에다 자기의 생활을 끌어들여, 서로 비교하며 줄거리를 소개하는 방법, 인상 깊은 장면이나 사건 등을 언급하면서 이와 관련한 자신의 비판적 견해를 제시하는 방법, 또는 책 속의 인물들의 처지가 되어서 생각이나 느낌을 정리하는 방법이 있다.

책의 내용에다 자기의 생활을 끌어들여,
서로 비교해 가며 줄거리를 소개하는 방법

책 네 개의 부(部) 중 첫 번째로 실려 있는 아버지 정약용이 유배지에서 두 아들에게 남겼던 편지는 내 심금을 울렸다. 또한 편지를 읽으며 나를 돌아보는 시간도 가지게 되었고, 내 주변도 돌아볼 수 있는 계기가 됐다. 병원에서 암투병을 하며 아버지가 나에게 쓰셨던 편지와 매우 비슷한 느낌이 들었기 때문이다. 그리고 선비 정약용으로서 제자들에게 남긴 편지는 내가 앞으로 무엇을 중요시하며 살아가야 하는지, 그 동안 내가 잊고 살았던 덕목은 무엇이었는지를 깨닫게 해 주었다.

인상 깊은 장면이나 사건 등을 언급하면서
이와 관련한 자신의 비판적 견해를 제시하는 방법

이 책에서 특히 인상 깊은 장면은 정약용이 두 아들에게 독서의 중요성을 강조하는 부분이었다. 그는 두 아들이 폐족으로 살아나갈 길은 독서뿐이라고 할 정도로 독서를 중요시했다. 두 아들의 독서가 단순하게 책을 읽어 내려가는 것이 아니라 참뜻을 이해하는 근본을 아는 독서이기를 바란 것이다. 현대인들의 식습관이 인스턴트화되었다. 독서 또한 직접 책을 읽기보다는 인터넷에서 요약본만 찾아 읽으면서 점차 인스턴트화 되었다. 나 또한 인스턴트적인 독서생활을 하고 있었는데, 정약용의 편지는 이런 나의 독서 습관을 반성하게 한다.

책 속의 인물들의 처지가 되어서 생각이나 느낌을 정리하는 방법
이 책을 읽으면서 나는 강직하고 고집스러운 한 남자를 떠올렸다. 평생 나라와 백성을 위해 살았지만, 정치판에서 외롭게 떠도는 섬이 되어 버린 선비, 그럼에도 끝까지 자신의 고달픈 삶에 대해 푸념하기보다는 자식들의 올바른 성장에 온 힘을 쏟는 스승이자 아버지 정약용, 그런 정약용의 글에서 나의 아버지의 모습을 얼핏 보았다. 평생 자신의 길만을 꼿꼿이 걸어왔고, 자식에게도 다른 학생들에게 하듯이 엄격한 말과 훈계를 아끼지 않았던 나의 아버지, 그런 분과 함께 20여 년을 살아왔기 때문에, 나는 정약용이 아들들에게 보내는 까탈스러운 어조와 꾸지람 속에 표현하지 못한 그리움과 사랑이 배어 있다는 것을 느낄 수 있었다.

(3) 끝

끝에서는 새로운 내용을 추가해서는 안 되고, 지금까지 썼던 내용을 정리해야 한다. 작가가 책을 통해 전달하려는 메시지를 파악하여 마무리한다. 그리고 책 속의 인물들의 행동이나 성격과 그로 인한 결과에 대해 자신의 느낌을 표현한다. 예를 들면 아래 제시한 것처럼 작가가 왜 이런 글을 썼는지에 대해 스스로 질문해 보고, 그에 대한 자신의 생각을 정리할 수 있다.

작가가 왜 이런 글을 썼는지에 대해 스스로 질문해 보고,
그에 대한 자신의 생각을 정리하기

위대한 책은 시대를 초월한다. 그때의 충고가 지금도 유효하다. 정약용은 그의 방대한 저서만큼이나 여러 방면에서 뛰어난 능력과 인품을 지닌 사람이다. 작가는 이 책을 통해 자신이 경험한 다양한 삶의 지혜를 자식에게 전수해 주고 있는 것이다. 이 책은 내가 앞으로 교육자의 길을 가면서, 마음이 해이해지거나 게으름을 피울 때마다 가끔씩 꺼내 보면서 스스로 반성할 수 있는 마중물이 되리라고 생각한다.

3. 감상문 쓰기

1) 개요 작성하기

쉘 실버스타인의 『아낌없이 주는 나무』를 읽고, 제목과 개요를 작성해 보자.

[개요]

제목	
처음	
중간	
끝	

2) 처음 쓰기

쉘 실버스타인의 『아낌없이 주는 나무』를 읽고, 2절에서 제시한 처음 쓰기 방법을 참고하여 써 보자.

3) 중간 쓰기

셸 실버스타인의 『아낌없이 주는 나무』를 읽고, 2절에서 제시한 중간 쓰기 방법을 참고하여 써 보자.

4) 끝 쓰기

쉘 실버스타인의 『아낌없이 주는 나무』를 읽고, 2절에서 제시한 끝 쓰기 방법으로 써 보자.

memo

4장 비평문 쓰기

1. 비평문이란 무엇인가

비평문(批評文)은 텍스트를 읽고 자신의 관점에 따라 해석하고 나름의 의미를 부여하는 글을 말한다. 그러므로 자신의 판단에 대한 적절한 근거를 논리적으로 제시하는 것이 필수적인데, 이를 논증이라 한다. 비평문을 쓸 때는 논증의 방법을 사용함으로써 글의 객관성과 공정성을 높일 수 있다. 감상문은 글쓴이의 생각이나 감정, 느낌을 중심으로 책의 내용, 감상을 서술하기 때문에 객관적인 근거가 필요하지 않다. 반면에 비평문은 주관에 따라 서술하기는 하지만 텍스트의 가치를 평가하는 글이기 때문에 해석하고 가치를 부여하는 데 있어 구체적이고 객관적인 근거가 있어야 한다.

2. 비평문 구성하기

1) 제목 붙이기

비평문에서 제목은 내가 전달하고자 하는 내용과 그에 대한 '나'의 입장을 압축한 것이다.

[제목 예]

세계 빈곤의 해결 방안으로서 지공주의 -헨리 조지의 『진보와 빈곤』을 읽고-
인간성 상실과 종교인의 이중성 -공지영의 『높고 푸른 사다리』를 읽고-

위의 예와 같이 헨리 조지의 『진보와 빈곤』을 읽고 나서 세계의 빈곤 문제를 해결할 관점에서 지공주의를 제시하였다면, 제목을 '세계 빈곤의 해결 방안으로서 지공주의'로 하면 된다. 또한 공지영의 『높고 푸른 사다리』를 읽고 나서, 인간성이 상실된 현대사회의 문제점을 종교인의 이중적인 태도의 관점에서 살펴보고자 한다면, 제목을 '인간성 상실과 종교인의 이중성'으로 하면 된다. 제목을 쓴 뒤에는 반드시 지은이와 읽은 책 이름을 부제로 제시하여 범위를 지정해야 한다. 이처럼 제목을 먼저 붙이면 글의 중심이 잡혀서 처음부터 끝까지 일관성 있는 짜임새를 유지할 수 있다.

2) 개요 작성하기

개요는 글의 방향을 명확하게 보여주기 때문에 글을 쓸 때 등대와 같은 역할을 한다. 그러므로 개요를 작성할 때는 대상이 되는 작품을 자신의 관점에 따라 해석한 후, 그에 대한 적절한 근거를 구체적이고 객관적으로 작성하는 것이 좋다. 또한 비평의 논지가 흐트러지는 것을 방지하고, 전체 글에 일관성을 부여하기 위해 처음, 중간, 끝에 들어갈 내용을 적절히 분배해야 한다.

(1) 처음

처음에는 분석하고자 하는 작품과 그 저자에 대해 간단히 언급하거나, 저자의 주요 주장과 그에 대한 자신의 주장을 서술한다. 또한 독자가 비평문의 타당성·호소력을 이해하는 데 도움을 줄 수 있도록, 왜 이 주제가 현재의 관심의 대상이 되는가에 대해 설명한다.

작품이 만들어진 상황과 작가에 대한 전기적인 정보를 언급하기
'높고 푸른 사다리'는 손이 닿지 않을 정도로 저 높이 있는, 올려다보아도 감히 그 끝자락조차 잡지 못할 하늘, 혹은 그 무언가를 연상시키는 제목이었다. 이 책은 이를 하나님이라 믿고 그 뜻을 좇는 베네딕도 수도원의 한 젊은 수사를 서술자로 풀어나가는 이야기이다. 하지만 종교적인 믿음보다는 현실적인 문제에서 생겨나는 고난과 그로 인한 믿음에의 의문을 주로 다뤘다. 이 책의 저자인 공지영은 소설

속 갈등과 우리 사회의 문제를 연관지어 독자에게 스스로 생각해 보도록 하는 작품들을 주로 써 왔다. 이 작품에서도 주인공의 개인적인 이야기를 매끄럽게 진행하면서, 종교와 종교인의 이중적 잣대 같은 사회적으로 민감한 주제를 자연스럽게 표출하고 있다.

(2) 중간

비평문이란 가치가 확정되지 않은 어떤 대상 또는 문제를 바르고 정확하게 해명하여 공정한 판단을 내리는 글이다. 따라서 대상이 되는 작품이 어떤 점에서 가치가 있으며, 어떤 점이 흥미와 감동을 주는지, 그렇지 않다면 어떤 점에서 좋지 않은지 등에 대한 근거를 들어 비평해야 한다. 무조건 옹호하거나 비난해서는 안 되며, 텍스트의 내용을 충분히 감상하고 이해한 후에 자신의 비평적 견해를 밝혀야 한다.

중간 부분은 자신의 판단에 대한 적절한 근거를 논리적으로 제시해야 한다. 아래 설명한 것처럼 먼저 관점에 대한 자신의 생각을 서술하면서 그와 관련된 논거를 책의 내용을 통해 밝힌다. 그런 후에 작품에 대한 선입견을 배제한 채 납득할 만한 근거를 갖추어 책의 단점과 한계점을 제시한다. 마지막으로 이 책만이 지니고 있는 장점을 공정하게 평가한다.

자신의 생각을 서술하면서 그와 관련된 작품의 내용을 언급하기

낮은 곳에 임하라는 하나님 말씀을 받들기 위해 눈물로 기도하고 헌금하면서도, 제 공장에서 일하는 가난한 노동자들을 외면하는 이들의 행위는 얼마나 이중적인가. 저자는 소설 속에서 요한의 할머니를 통해 이런 위선자의 모습을 짧고 강렬하게 고발한다. 요한의 할머니는 생활이 어려운 사람들을 위해서 많은 기부금을 내 놓거나 눈물로 그들을 위해 기도를 한다. 하지만 회사에서는 노동자를 탄압하고, 분신한 노동자의 추모비 반입조차 거부한다. 작품 속에서 요한의 친구인 미카엘은 "그러고도 스스로 예수의 제자라 믿으며 미사에 참석하고 거기서 어떤 죄책감도 얻어가지 못한다."고 가슴 아파한다. 이렇듯 작가는 종교인의 이중성을 통해서 인간성이 상실된 현대사회의 모습을 보여주고 있다.

자신의 주장을 뒷받침하는 적절한 근거를 들어
작품의 단점과 한계점을 제시하기

저자는 종교인의 이중적인 모습을 보여주면서 두 가지 점에서 한계점을 드러내고 있다. 첫째는 미카엘과 안젤로의 죽음이다. 이들의 죽음은 전체적인 맥락에서 큰 의미를 지니지 못하고 있다. 오히려 이들의 죽음 때문에 갑자기 서사의 맥이 끊기면서 갑작스럽게 전환되어 집중도를 떨어뜨린다. 이들의 죽음이 아니라도 종교인의 이중적인 모습은 얼마든지 보여줄 수 있을 것이다. 둘째는 지나친 우연성이다. 우연성이 반복되다 보니 사건의 개연성이 떨어지고, 흐름이 자주 끊겨 흥미가 떨어진다. 저자가 너무 많은 이야기를 하려다보니 이런 한계점을 드러낸 것이다.

작품의 장점과 객관적인 평가
그럼에도 불구하고 이 작품은 작가 특유의 감성과 날카로움으로 비종교인과 타종교인조차도 어려움 없이 신부의 삶을 이해할 수 있었다. 이는 저자가 소설의 배경에 대한 꼼꼼한 자료 조사와 세밀한 묘사를 통해 내용의 이해를 도왔기 때문에 가능했다. 또한 이 작품은 종교인의 이중적인 모습이 우리 삶 곳곳에 산재해 있음을 보여주고 있어 중요한 의의를 지닌다. 그리고 성당을 다른 장소로만 바꾸면 어느 곳에서나 볼 수 있는 인간의 이중적인 모습을 생생하게 묘사하였기에 쉽게 공감할 수 있다.

(3) 끝

결론에서는 전제와 논리적 근거를 바탕으로 이끌어 낸 작품 해석을 통해 '작품'이 가진 가치를 평가한다. 즉 자신의 주장과 저자가 말하고자 한 주제를 상기하여, 작품이 제공하는 시사점을 언급한다.

자신의 주장과 저자의 주장을 상기시키고 우리 사회에 주는 시사점을 언급
결국 공지영이 이 작품을 통해 말하고자 하는 바는 종교인의 이중적 잣대와 삶에서 사람을 대하는 올바른 자세이다. 종교 활동과 봉사활동은 자신의 위치를 과시하거나 타인에게 상처를 주는 행위가 아니라 사랑을 실천하는 장이다. 사회적 약자들의 곪은 상처를 찾아 치료해 주고, 마음을 위로해 주었을 때, '높고 푸른 사다리'는 서로를 연결해 주는 사랑의 징검다리가 될 것이다.

3. 비평문 쓰기

1) 개요 작성하기

이미란의 「www.soriso.com」을 읽고, 제목과 개요를 작성해 보자.

[개요]

제목	
처음	
중간	
끝	

2) 처음 쓰기

이미란의 「www.soriso.com」을 읽고, 처음을 한 문단으로 써 보자.

작품이 만들어진 상황과 작가에 대한 정보를 언급하기

3) 중간 쓰기

이미란의 「www.soriso.com」을 읽고, 중간 세 문단을 써 보자.

자신의 생각을 서술하면서 그와 관련된 작품 내용을 언급하기

자신의 주장을 뒷받침하는
적절한 근거를 들어 작품의 단점과 한계점을 제시하기

작품의 장점과 객관적인 평가

4) 끝 쓰기

이미란의 「www.soriso.com」을 읽고, 결론을 한 문단으로 써 보자.

자신의 주장과 저자의 주장을 상기시키고 우리 사회에 주는 시사점을 언급

[읽기 자료] 비평문 쓰기를 위한 단편소설

www.soriso.com

이미란

소리를 찾아낼 수는 없을까?

불현듯 떠오른 생각이었다. 소리만 찾아낸다면, 누명을 벗을 수 있지 않은가 말이다. 그가 해고보다 더 견딜 수 없는 건 회사의 기밀을 누설했다는 누명이었다. 자신은 그것이 공공연한 비밀인 줄 알았다. 그룹 내의 비슷한 계열의 회사들이 합병되는 것은 요즘 들어 흔한 일이었다. 망년회의 2차 술자리에서 부장이 그 말을 끄집어내었을 때, 모두들 우리 회사도 올 것이 왔구나 하는 얼굴로 받아들이지 않았던가. 만일 그것이 보안을 요하는 기밀 사항이었다면 누설의 책임은 부장이 져야 했다. 사표를 요구하는 국장에게 그는 항의했다. 그러나 그날 2차 술자리에 참석했던 그 누구도 그에게 동조해 주지 않았다. 부장이 그런 말을 한 적이 없다는 거였다.

"만일 그것이 회사의 일급비밀이고, 제가 그 자리에서 그 말을 듣지 않았다면 말입니다. 일개 대리에 불과한 제가 어떻게 그 사실을 알았겠습니까?"

그는 국장에게 논리적으로 추론해 볼 것을 요구했지만, 국장은 입술을 비틀며 대꾸했다.

"글쎄, 우리도 그 점이 궁금하네."

퇴직금 봉투를 아무렇게나 쑤셔 넣고, 그는 사무실에 들르지도 않고 그대로 회사를 나왔다. 벌어먹고 살기 어려운 세상이 되었다고는 하지만 이 정도인 줄은 몰랐다. 그래도 한솥밥을 몇 년 같이 먹은 사이들인데 동료가 생매장되고 있는 현장을 보고도 그렇게 시치미를 뗀다는 말인가.

회사에 다시 돌아가고 싶은 생각은 추호도 없었다. 그러나 누명만은 벗고 싶었다. 자신이 비밀을 발설하고도 부하 직원에게 책임을 돌린 파렴치한 부장과, 사실을 알고도 목구멍 걱정에 양심을 버린 동료들을 패대기치고 싶었다.

도대체 소리는 왜 사라져 버린다는 말인가? 소리가 사라지지 않고 남아 있다면 이런 일이 애초에 벌어지지 않았을 것 아닌가.

어딘가에 거대한 소리의 저장고가 있다면, 필요할 때마다 소리를 끄집어내어 그때 네가 이 말을 하지 않았느냐 밝혀 볼 수 있다면, 세상은 얼마나 더 진실해질 것인가.

조심스레 방문을 두드리는 소리가 났다. 며칠째 아내는 그의 눈치만을 보고 있었다. 몸이 안 좋아 연가를 내었다고 둘러대었으나, 아내는 믿지 않는 것 같았다. 언제라도 부딪칠 일, 아내가 적당한 선에서 자신의 실직을 알아채 준다면 더 나을지도 몰랐다.

"저, 성당에 좀 다녀올게요."

레지오 모임에서 혼자 사는 노인들을 방문하기로 한 날이라며 미안해하는 얼굴로 아내는 나갔다. 아내가 독실한 믿음을 가지고 있는 건 고마운 일이었다. 어떠한 난관이 있더라도 아내는 헤쳐 나가 줄 것 같았다.

그는 책상에서 내려와 방바닥에 벌러덩 누웠다. 아내에게는 보이고 싶지 않은 모습이었다. 실직을 흔히 '구들장만 지고 있는 신세'라고들 표현하지 않던가.

현관문 닫히는 소리가 나고, 이어 달그락 열쇠 잠기는 소리가 났다. 그는 온 귀를 기울여 소리가 공기를 타고 그에게 전해져 와서 사라지는 것을 느껴 보았다.

도대체 소리는 어디로 간다는 말인가. 머릿속으로는 금방 들은 현관문 닫히는 소리와 열쇠 잠기는 소리를 선명하게 재생할 수 있을 것 같은데 말이다. 혹시 소리는 어딘가에 그대로 남아 있는데, 단지 인간이 그것을 식별해 내지 못하는 건 아닐까?

에너지 보존의 법칙!

그는 벌떡 일어나 앉았다. 고등학교 때, 이마가 벗겨진 물리 선생이 지상 최고의 진리라도 선포하는 것처럼, 대나무 막대기로 자신의 손바닥을 딱딱 때려가며 읊조렸던 법칙 아닌가.

우주에 있어서의 물질과 에너지의 총화는 일정하여 결코 더 이상 조성되거나 소멸되는 일이 없다. 변하는 것은 형태뿐이고 본질은 변하지 않는다.

물리 선생의 금속성 섞인 비음이 생생히 들려오는 듯했다. 그래, 소리도 하나의 에너지라면 소멸되지는 않았을 것이다. 어딘가에 남아 있을 것이다. 형태는 변해 있을지라도. 어쩌면 그것은 재생이 가능할지도 모른다. 빛의 속도보다 빠르게 움직여 시간 여행이 가능하다면, 소리의 속도보다 빠르게 움직여 소리를 찾아낼 수 있지 않을까? 빛의 속도에는 아직 이르지 못했지만, 소리의 속도는 이미 뛰어 넘는 엔진을 만들어 내지 않았는가. 현대 과학은 말이다.

이것은 풀 수 있는 문제다!

그는 컴퓨터 앞으로 달려갔다.

웹페이지의 검색 결과 136,625개의 문서가 검색되었습니다.

그가 맨 먼저 들어간 검색 엔진에서 '소리'를 검색어로 집어넣자 떠오른 메시지였다. 13만 개가 아니라 130만 개라도 좋았다. 그는 투지를 다지며 화면을 이동시키기 시작했다. 조그만 실마리라도 보인다면 어떠한 사이트라도 들어가 볼 참이었다.

http://www.soriso.com/contact.html

그가 이 사이트에 접한 건 밤낮없이 인터넷을 뒤지고 다닌 지 사흘째였다. 소리에 관한 물리적 지식에서부터 소리에 관한 첨단 기술에 이르기까지 수많은 정보를 헤집고 다니다가 문득 발견한 것이었다.

소리 항해, 사라진 소리를 찾아서.

사이트의 소개는 단 한 줄뿐이었지만, 섬광처럼 어떤 예감이 지나갔다.

설마 판소리나 민요를 찾아서는 아니겠지.

예감이 주는 느낌이 너무 날카로워, 그는 일부러 능치며 중얼거려 보기도 했다. 자판을 두드리는 그의 손가락은 이미 떨고 있었다.

사라진 소리를 찾아서 소리 항해를 떠나실 분은 이메일 주시기 바랍니다.

검정 바탕에 '소리소'라는 흘림체의 한글과 'soriso.com'이라는 고딕체의 영문이 흰 글자로 새겨져 있는 홈페이지에는 짧은 안내문과 함께 달랑 이메일의 주소만이 나와 있었다.

email:webmaster@soriso.com

—귀사에 대해서 알고 싶습니다. '소리소'가 무엇입니까?

—세상의 모든 소리가 모여 있는 곳입니다. '소리소'의 '소'는 못이

라는 뜻의 소(沼)입니다. '소리가 모여 있는 못'이라는 뜻이지요.

—소리가 모여 있다는 것이 가능한 일입니까? 소리는 사라지지 않습니까?

—소리는 사라지지 않습니다. 잃어버릴 뿐이죠.

—이해가 되지 않습니다. 좀 더 상세한 답변을 바랍니다.

—어릴 적 귀하를 부르는 어머니의 목소리를 떠올려 보십시오. 어머니는 돌아가셨어도 어머니의 목소리는 귀하의 머릿속에 생생히 남아 있지 않습니까? 같은 이치입니다. 더 이상의 답변은 회사의 기밀에 속하는 것이므로 말씀드릴 수 없음을 양해해 주십시오.

—사라진 소리라고 하는 것은 어떠한 것들을 말합니까?

—세상의 모든 소리를 말합니다. 사람의 말, 자연계의 음향, 연주된 음악 등등입니다.

—사라진 소리를 찾으려면 어떻게 해야 됩니까?

—찾고 싶은 소리를 구체적으로 말씀해 주십시오.

—망년회 때, 저희 회사 부장이 했던 말을 찾고 싶습니다. 회사가 곧 합병될 거라는 말입니다. 부장은 그런 말을 한 적이 없다고 하고, 그 말을 같이 들었던 동료들 역시 그런 말을 들은 적이 없다고 합니다. 들은 말을 고등학교 동창 모임에 옮겼던 저는 회사의 기밀을 누설했다고 해고당했습니다. 부장의 말을 찾아 진실을 밝히고 싶습니다.

—세상의 진실을 밝히는 게 저희 회사의 소명입니다. 정의의 이름으로 당신을 환영합니다. 소리 항해를 떠나고 싶은 날, 언제라도 연락 주십시오.

C.P : 01X-9618-XXXX

메일을 주고받으면서 그는 홀린 듯한 기분을 감출 수가 없었으며 특히 마지막 메일의 문구들은 그의 지성에 다소 걸림돌이 되었다. '세상의 진실을 밝힌다'느니, '정의의 이름으로'라는, 현실 세계에서는 생경한 말들이 무슨 종교 집단 같은 냄새를 풍겼다. 그러나 전화 속의 음성은 명료하고도 정중했다. 그는 목소리에도 인품과 지성이 존재한다고 믿는 사람이었다. 전화 속의 음성은 최고 교육을 받고 세련된 교양을 지닌 사람만이 낼 수 있는 목소리였다.

사라진 소리를 찾고자 하는 사람들은 어떤 사람들일까. 대체로 자신과 같이 억울한 일을 당한 사람들이 아닐까? 왜곡된 사실을 바로잡고자 하는 사람들일 것이다. 이 회사를 세운 이도 자신처럼 무슨 부당한 일을 당했는지 모른다. 그래서 사라진 소리를 찾아 헤매다 드디어 그곳을 발견하고 소명의식을 느꼈는지도 모른다. 종교를 가진 사람이라면 더욱 그랬을 것이다. 하도 타락한 세상이라 '진실을 밝히고 정의를 세운다'는 일이 낯설게 들리지만, 그것은 옳은 일이 아닌가. 종교 집단이면 어때? 세상의 빛과 소금이 되고자 하는 이들은 그래도 그런 사람들인데. 그래, 에너지 보존의 법칙! 이 세상 어딘가엔 사라진 소리들이 모여 있는 거야.

여행이 얼마나 걸리느냐는 질문에 전화 속의 음성은 개인차가 있다고 대답했다. 사흘에서 닷새쯤 말미를 두고 떠나는 게 좋겠으며, 경비는 시간에 따라 추가되므로 여행이 끝나고 지불하면 된다고 했다.

며칠 여행을 다녀오겠다고 하자 아내는 고개를 끄덕였다. 삶을 재충전하는 데 있어서, 컴퓨터 앞에 앉아서 밤을 새우는 것보다는 마음 가는 대로 여기저기 다니며 바람을 쏘이는 게 더 나을 것 같다는 이야기도 덧붙였다. 한 번도 그의 말을 거슬러 본 적이 없는 아내였다. 천국이 있다면, 아내의 치맛자락만 잡고 있어도 도달할 수 있을 것 같았다. 그는 아내에게 그 음성의 전화번호를 적어 주며 일주일이 지나도 자신이 돌아오지 않으면 경찰에 신고하여 전화번호를 추적해 보라고 일렀다. 무슨 일이냐고, 누구를 만나러 가느냐고 아내의 얼굴이 단박에 불안감에 젖었다. 친구를 만나러 가는데, 하도 오랜만에 만나기 때문에 그 친구가 무슨 일을 하는지 종잡을 수 없어서일 뿐이라고, 세상이 하도 험하니까 만일을 몰라서 그러는 것일 뿐이라고, 그는 대범하게 대꾸하며 집을 나섰다.

전화 속의 음성과 만나기로 한 장소는 산자락의 전망 좋은 곳에 위치한 고급 빌라였다. 막연히 여행사 같은 사무실을 연상하고 있었던 그에겐 뜻밖이었다. 그러나 전화 속 음성의 소유자는 그가 상상한 바와 같이 중후하고 세련된 사내였다. 사내는 노트북을 열고 메모를 하면서 그가 찾고 싶은 소리에 대해 꼼꼼히 물었다. 그가 흥분해서 말을 더듬을 때는 잔잔하게 웃으며 기다려 주었고, 가끔씩 고개를 끄덕이며 그의 생각에 동조하는 제스처를 취하기도 했다. 사내는 마치 정신과 의사와도 같은 분위기였는데, 그가 만일 정신과 치료를 원했다면, 이야기를 하는 것만으로도 상처가 치유되었다고 느낄 수 있을 만큼 사내의 듣는 자세는 진지하고 성실했다.

"그런데 언제 떠나죠?"

"일단은 저녁 식사를 함께 하시고, 좀 어두워진 다음에 떠나도록 하시죠."

"낯선 길인데, 밝을 때 출발하는 게 낫지 않을까요? 찻시간이 맞지 않나요?"

사내는 빙긋 웃었다.

"차를 타고 갈 수 있는 곳이 아닙니다."

"네?"

"그곳은 너무나 멀고도 험한 길이기 때문에 인간의 몸으로는 갈 수 없는 길이지요."

"네?"

"혹시 유체 이탈이라고 들어 보셨나요?"

"사람이 죽으면 몸에서 영혼이 빠져 나간다는 것 말씀이십니까?"

"그렇지요. 그 원리를 이용해서 여행을 떠나는 것입니다."

그는 불안해졌다. 유체 이탈이라니, 영화 같은 데서나 나오는 일이 아닌가? 실제로 그럴 수 있다는 말인가?

"유체 이탈을 해서 '소리소'라는 곳에 간다는 말인가요?"

설령 그럴 수 있다 하더라도 자신이 그러한 경험을 하고 싶지는 않았다. 몸에서 영혼이 빠져 나간다니, 섬뜩한 일이었다. 무엇을 믿고 이 낯선 곳에 자신의 몸을 부려 놓는다는 말인가?

"유체 이탈이라고 하는 게 그렇게 어려운 일이 아닙니다. 조금만 단련하면 누구나 할 수 있는 일이죠. 물론 용기가 필요한 일이긴 합니다. 약간의 용기만 있다면 우리는 인간의 육체로는 접할 수 없는 굉장한 세계와 만나게 되는 거죠."

사내의 목소리는 잔잔하면서도 흡입력이 있었다.

"꺼림칙하시면 그만 두셔도 좋습니다. 저희 회사의 신과학 연구는 고객의 전적인 신뢰를 바탕으로 이루어지는 것이거든요."

"신과학 연구라고요? 이 회사가 신과학을 연구하는 곳입니까?"

"그렇습니다. 아시다시피 근대 과학의 선형 이론은 이미 한계에 부딪쳤습니다. 과학이라고 하는 게, 혹은 진리라고 하는 게 결국 세상의 이치를 벗겨내는 작업이 아니겠습니까? 근대 과학으로는 설명해 낼 수 없는 복합적인 현상이나 정신 활동의 영역에서 저희들은 정신 에너지를 활용하여 폭넓은 성과를 거두고 있는 중입니다."

"그러니까, 소리를 찾아내는 것도 그, 신과학의 범주에 들어가는 것이라는 말씀이죠?"

"그렇지요. 종래의 이론대로라면 소리란 자연계로 환원되는 것이지, 결코 찾아낼 수 있는 게 아니지 않습니까."

에너지 보존의 법칙이니 뭐니 하고 추론해 보긴 했지만, 현실에서 사라진 소리를 찾는 게 과연 가능한가, 더구나 유체 이탈 운운하는 것을 보고 무슨 교묘한 사기에 걸려든 것은 아닌가 하고 미심쩍어 했던 그는 의구심이 확 풀리는 것을 느꼈다. 사라진 소리를 찾을 수 있을지도 모른다는 자신의 생각이 근대 과학을 뛰어넘는 발상이라는 점에 으쓱해지기도 했다.

"어때요, 한번 소리를 찾아 떠나보시겠습니까?"

사내는 그의 눈을 찬찬히 들여다보았다. 그는 고개를 끄덕였다.

그가 눈을 떴을 때, 사내는 바위에 걸터앉아 있었다.

"자아, 제 손을 잡고 나오세요. 하나, 두울, 셋!"

침대에 누워 사내가 묻는 말에 대답을 하며, 이런저런 이야기를 나누다가 슬몃 잠이 들었는데, 갑자기 사내의 목소리가 들렸다. 그는 눈을 떠서 하나, 두울, 셋 하고 침대 곁에서 서 있는 사내의 손을 잡으려 했으나 쉽지가 않았다. 가위 눌리는 꿈에서 벗어나고자 할 때, 의식은 있는데 몸이 움직여 주지 않는 것과 비슷했다.

"정신을 모아 보세요. 온 기운을 이마에 모으고 제 손을 잡으세요. 하나, 두울, 셋!"

사내의 손을 잡으려다 힘이 달리면 스멀스멀 잠이 들었다가, 다시 사내의 목소리에 깨어나기를 몇 번. 드디어 사내의 손을 잡는 순간 그는 자신을 확 낚아채는 강렬한 힘을 느꼈다. 그리고는 또 정신을 잃었다. 아득한 소용돌이 속으로 빨려들어 온 것 같기도 했다.

"제가, 제 몸을 빠져 나온 겁니까?"

사내는 고개를 끄덕였다. 그는 자신을 이리저리 살펴보았다. 별반 달라진 것은 없는 것 같았다.

"그럼, 제가 빠져 나온 제 몸은 어디 있습니까?"

"연구실 침대 위에 그대로 있지요. 우리는 이미 아주 먼 길을 왔습니다. 여기가 소리소거든요."

그는 일어나서 사방을 돌아보았다. 첩첩의 골짜기에 풀도 나무도 아무것도 없었다. 온통 주름진 백색의 바위들뿐이었다. 지옥에라도 온 것일까? 공포가 잠깐 그를 사로잡았다.

"자, 저쪽 골짜기부터 뒤져 봅시다. 목소리마다 파장이 다르지 않습니까. 파장이 비슷한 소리들끼리 모여 있는 겁니다."

사내는 그의 대답을 기다리지 않고 앞장서서 걷기 시작했다. 광막한 바위산에 움직이는 거라고는 사내와 그밖에 없었다. 주름처럼 겹쳐진 바위들 때문에 사내는 불쑥불쑥 시야에서 사라지곤 했다. 그는 사내를 놓치지 않으려고 버둥대며 따라갔다. 어떤 모퉁이를 돌아서면서부터 과연 웅웅대는 소리가 들리기 시작했다.

–더러운 자식이잖아!

그는 깜짝 놀랐다. 낯익은 음성이었다.

–같이 죽자는 얘기야, 뭐야. 저 하나 조용히 물러나 주면 될 텐데, 물귀신처럼 물고 늘어지네.

–능력이 딸려 고용 조정을 당했으면, 와신상담 힘을 길러 제 몸뚱이의 상품가치를 높여야지, 치사하게 무슨 폭로야, 술자리에서 있었던 일 가지고 말야.

–우리가 모두 제 편을 들어줄 줄 알았던 모양이지? 어리석긴, 명색이 대리란 사람이 그동안 사횟물 헛먹었다니깐.

같은 사무실에 있는 동료들의 목소리였다. 그의 얼굴은 딱딱하게 굳기 시작했다. 그는 웅웅대는 바위의 골 사이에 귀를 밀착시키고 정신을 집중했다. 웅웅대는 소리는 회오리처럼 다가와 어느 순간 말이 되어 들렸다가 휑하니 사라지곤 했다.

—김 대리, 대단해. 다들 이 보고서 좀 보라구.

—이 자료는 어디서 구했어? 나도 한 부 복사해 가질 수 있을까?

—김 대리님, 이 꽃, 제가 꽂아 놓은 거예요.

—김 대리, 이제는 대리라고 불러야겠지? 승진을 축하하네.

—김 대리, 오늘은 꼭 술 한 잔 하러 가자구!

—김 대리, 점심은 나하고 하기로 했잖아?

그가 잘 나가던 시절, 그의 주변을 싸고돌았던 말들이 두서없이 다가왔다가 흩어지곤 했다. 한때는 자신을 우쭐하게 했던 그런 말들을 다시 만난 것이 그는 전혀 반갑지가 않았다. 그는 맨 처음 들었던 그 말들을 계속 듣고 싶었다. 그의 생각대로라면 그의 동료들은 지금 심한 양심의 가책을 받고 있어야 했다. 그런데 그게 아니라니, 미칠 것 같았다.

—드디어 사표를 내겠군.

—끈질기네요.

—나 같으면 자존심이 상해서라도 바로 사표를 냈을 거야.

—전별금이라도 걷어 줘야 하는 것 아냐?

—글쎄, 그래야겠지?

—작자의 행태를 생각하면 전별금이고 뭐고,

—얼마씩 걷을까? 삼만 원?

—이만 오천 원씩 해요. 여덟이니까 이십만 원이 맞춰지잖아요.

그는 사내가 이 말을 같이 듣고 있지나 않은지 얼른 돌아다보았다. 부끄러움 때문에 온 몸이 다 화끈거렸다. 다행히 사내는 한쪽 손으로 귀를 감싼 자세로 다른 골을 향해 앉아 있었다.

입사 동기인 박 대리가 동네 앞 카페로 불러내어 전별금 봉투를 쥐어 주었을 때, 왜 자신은 그것을 뿌리치지 못했던가? 자신의 손을 움켜잡던 박 대리의 손을 왜 따뜻하다고 느꼈던가? 자기들의 입장을 구구히 변명하며 부장을 욕하던 말놀음에 잠시나마 왜 동조했던가?

"찾았습니다!"

사내가 그를 향해 손짓을 했다.

"선생님이 원하는 소리를 찾았습니다. 자, 이렇게 앉으셔서 들어보십시오. 일정한 간격으로 소리가 몰려올 것입니다. 밀어낸다는 생각으로 하나씩 물리치십시오. 그러다가 여덟 번째 오는 소리를 잡는 겁니다."

그는 사내가 시키는 대로 귀를 감싸고 하나, 둘, 셋을 세기 시작했다.

…여섯, 일곱, 여덟!

–건배, 건배!

–새천년을 위하여 다시 한 번 건배합시다!

–부장님, 한 말씀 더 하시지요.

그는 숨을 죽였다. 바로 그 순간이었던 것이다.

–사실은 좋은 소식 하나, 나쁜 소식 하나가 있네. 어느 것부터 말할까?

–나쁜 소식부터 말씀하시죠. 망년회니까 먼저 듣고 잊어버리게.

–우리 회사가 진우 주식과 합병될 것 같네.

그는 주먹을 불끈 쥐었다. 사내가 빙긋 웃으며 소형 녹음기를 들어 보였다.

–우리 일이 성공적으로 마무리되었습니다.

그러나 그는 도무지 후련하지가 않았다. 후련하기는커녕 극도의 우울로 두통조차 느껴졌다. 그가 해고되었을 때, 부장도 부장이었지만 동료들에게 느꼈던 배반감은 이루 말할 수가 없었다. 그러나 그는 동료들이 목구멍이 포도청이라고, 직장을 잃을까 봐 양심을 외면한 것이려니 여기고 있었다. 그 자신이 동료들에게, 무능력하여 해고되면서 동료들까지 구렁텅이로 끌고 들어가려 하는 인간으로 보이고 있다는 것은 꿈에도 생각하지 못한 일이었다. 정말 자신은 어떠한 사람인가? 자신이 보는 자기와 타인이 보는 자기가 그렇게 다르다는 말인가. 부장의 말을 녹음한 테이프를 회사에 보낸다면, 사람들은 과연 진실을 밝힌다고 생각할까? 오히려 자신을 마지막 인간성마저 잃은 성격파탄자로 몰아붙이지는 않을까?

"오기 힘든 곳인데, 다른 소리들도 좀 듣고 가시죠? 또 찾고 싶은 소리는 없습니까?"

자신의 임무를 마쳐서인지 사내는 느긋하게 보였다. 그는 고개를 흔들었다. 자신에게 상처를 입힐 또 다른 말을 만날까 두렵기까지 하였다.

"고향의 소리들을 한번 찾아보는 게 어때요? 고향으로 돌아간 기분일 테니까 말이죠."

고향의 소리? 그는 금방 어머니를 떠올렸다. 그래, 어머니가 있지. 어머니의 따뜻한 목소리를 들을 수 있다면 상처 입은 마음이 조금 위로가 될 것도 같았다.

"어느 쪽으로 가야 하죠?"

"고향을 떠나온 지 상당히 되셨을 테니까 좀 더 깊숙이 들어가야겠지요. 자, 이리 오십시오."

그는 사내의 손을 잡고 주름 잡힌 바위들을 건너 다른 골짜기로 들어갔다.

―태경아, 태경아, 일어나야제.

그는 가슴이 뭉클했다. 통학 기차 시간에 맞춰 그를 깨우던 어머니 목소리였다. 자신을 조금이라도 더 재우려고 어머니는 밥상을 다 차려놓고, 세숫물까지 떠놓고 그를 부르곤 했다. 그가 행여 약한 인간으로 자랄까봐, 새벽길을 떠나야 하는 자식에 대한 안쓰러움을 감추고 어머니는 늘 밝고 활기찬 음성으로 그를 깨웠다.

—쉬, 쿵쿵, 탁, 쉬, 쿵쿵, 탁.

아버지가 돌아가신 뒤, 방앗간 일은 어머니 몫이 되었다. 그가 자전거를 끌고 사립을 나설 때면 어머니의 일이 시작되는 소리가 들렸다.

—쉬, 쿵쿵, 탁, 쉬이잇.

발동기가 꺼지는 이 소리는 반가운 소리가 아니었다. 날씨가 추운 날은 발동기에 불이 잘 붙지 않았다. 어머니는 발동기에 불이 붙을 때까지 곱은 손으로 발동기를 몇 번이고 돌려야 했다. 머슴 두 사람과 함께 어머니는 방앗간 일을 해냈는데, 그때는 모든 게 수동식이라 사람이 곡식을 일일이 퍼넣고 받아 붓고 다 찧으면 말로 되어 주고야 수공을 받았으니, 알부자란 소리는 들었을지언정 어머니는 뼈가 녹았을 것이다.

—태경아, 이불 좀 덮어 도라.

허리가 아파 진땀을 흘리며 고통스러워하던 어머니의 목소리였다. 그래도 새벽이면 언제 그랬냐는 듯, 환한 음성으로 자신을 깨우곤 했던 어머니였다.

—쉬, 쿵쿵, 탁, 쉬, 쿵쿵, 탁.

어머니는 일생을 통하여 그를 깨우고, 불을 붙이고, 쉬임 없이 길을 닦아준 사람이었다. 어머니는 그의 지주였다.

어머니.

그는 자신도 모르게 주먹을 불끈 쥐었다. 눈물이 핑 돌았다. 어머니를 생각하며 세상의 어떤 어려움도 헤쳐 나갈 수 있을 것 같았다.

—아이고, 아이고…….

바위의 골 속에서 갑자기 울음소리가 터져 나왔다. 어머니의 장례식이었다.

—인간사 허망하구만, 엊그제까지도 방아 찧던 사람이….

—저렇게 빨리 갈람서 멀라 그리 애끼고 살았으까.

—혼잣몸으로 자석들 갈칠라고 애썼제.

어머니의 죽음은 그렇게 갑작스러웠다. 전전날 전화할 적에도 어머니의 음성은 쾌활하고 다정하기만 했다. 다른 부모들처럼 어디가 아프다고 해서 약을 지어 보낸 적도 없고, 큰 병원에 모시고 가서 종합진찰 한 번 받게 해 드린 적도 없었다. 그는 오히려 그것이 한이 되었다. 도대체 어머니를 위해서 그가 한 일이라고는 아무것도 없는 것이었다.

—근디, 저 사람이 누기여?

—글씨, 못 보던 사람인디.

—저 코허고 인중이 태경이 빼다박지 않았능가?

—장성댁 친정에서 왔는갑제.

—혹시 말여, 태경이 성 아니여?

형이라니? 내게 무슨 형이 있다는 말인가? 그는 깜짝 놀라 소리를 놓치고 말았다. 자신에게는 두 동생이 있을 뿐이지 않는가?

—장성댁 팔자도 기박허제. 서방을 둘이나 먼저 보냈응께.

—핏줄은 못 속인다드니, 성제지간에 어쩌면 저렇게 닮았으까이.

—태경이는 몰르제? 거참, 지 성인디, 말해줄 수도 없고 말여.

—멀라고 넘의 가족사에 끼여 들어? 지 에미도 숨긴 일인디.

—저런 자석놈을 두고 개가를 했응께 장성댁도 피눈물이 났겄제.

그가 멍하니 있는 사이에 또 소리가 빠져 나가고 말았다. 어머니가 개가를 했다니, 한 번도 들은 적이 없는 말이었다. 아버지하고 나이 차이가 많긴 했다. 그러나 얼마나 금슬이 좋았던가? 자식을 두고 왔다고? 생전에 어머니 얼굴에서 한 번이라도 그늘을 찾을 수 있었던가? 그는 믿을 수가 없었다.

"이곳에 있는 소리들이 다 사실입니까? 혹시 잘못된 소리가 만들어지는 것은 아닙니까?"

그는 한쪽에서 무엇인가를 열심히 듣고 있는 사내에게 소리쳤다.

"선생님은 이곳이 어디라고 생각하십니까?"

사내는 진지한 얼굴로 되물었다.

"소리소라고 하지 않았습니까?"

"소리소라고 하는 곳이 어디에 존재하는지 아십니까?"

"………."

"선생님의 마음속입니다. 생리학적 용어로는 뇌라고 하는 곳이죠. 선생님이 귀를 통해서 들은 소리들이 다 저장되어 있습니다."

"그럴 리가 없어요! 제가 한 번도 안 들어 본 말들입니다. 제가 안 듣는 곳에서 한 말들 아닙니까? 어떻게 제 뇌 속에 저장이 된다는 말입니까?"

사내는 고개를 끄덕이고 그의 옆에 쭈그려 앉았다.

"소리의 가면 현상이라는 게 있답니다. 우리의 육체를 통해 듣는 소리는 한계가 있지요. 좀 더 큰 소리, 좀 더 가까운 소리 때문에 방해를 받으니까요. 사실은 우리가 인식하지 못했던 미세한 소리들도 다 귀를 통해 들어와 있답니다. 이곳에서는 소리의 가면이 없어지니까 그 소리들이 다 살아나는 겁니다."

그는 문득 섬뜩한 생각이 들었다. 사내의 온화한 얼굴이 하얀 바위들 사이에서 갑자기 가면처럼 보였기 때문이었다.

"멋진 일 아닙니까? 몰래 숨어서 한 말들을 밝혀내고, 말을 뒤집는 행태들을 처단하는 겁니다. 진실을 알아내는 거지요."

사내는 이를 드러내고 웃었다. 그때 또 웅웅대며 한 무더기의 소리들이 달려들었다.

—월정리에 있는 태경이네 과수원 말이여.

—배 과수원?

—글씨, 장성댁이 저 사람헌테 넘긴 모냥이여. 그런 소문이 들리드랑께.

—허기사, 자기 자석인께.

그는 심한 배반감에 사로잡혔다. 몇 년 전, 어머니는 멀찍이 월정리에 배 과수원을 장만했다. 그는 원래 집안일에 관여하지 않았지만, 기왕 과수원을 사려면 집 가까운 데에 있는 걸 사시지 그랬냐는 이야기를 건네 본 적은 있었다.

"어차피 수를 줄 건디, 땅 좋은 디로 골라야제."

직접 농사를 지을 것도 아닌데, 굳이 집 가까운 데를 살 필요는 없다는 말 끝에 어머니는 이런 말을 덧붙였다.

"그 과수원은 내가 모텐 돈으로 산 거다."

자기 집안에서 어머니가 모으지 않은 재산이 어디 있다는 말인가? 어머니의 그 말은 생뚱맞기조차 했다. 아버지는 방앗간 하나를 남기고 갔지만, 어머니는 많은 전답을 사들였던 것이다.

"월정리 과수원은 방엣간에서 나온 돈으로 산 거 아니여. 순전히 내가 모텐 돈으로 산 것인께, 내가 팔아서 쓸란다."

이태 전, 어머니는 재산을 자식들 앞으로 명의 변경하면서 그렇게 말했다. 그때도 그 말이 약간 걸렸지만, 워낙 속이 깊은 분이니까 따로 돈 쓸 일이 있어서 그러나 보다 하고 말았다.

지금 생각하니 어머니는 철저히 네 돈, 내 돈을 가르며 산 것이다. 아버지가 남긴 방앗간에서 나온 돈은 네 돈이었고, 가축을 키우고, 밭일을 다녀서 자신의 노동으로 번 돈은 내 돈이었다. 아버지와 그와 그의 형제들은 어머니에게 있어서 '너'였다는 말인가? 당신과 전남편의 자식은 어머니에게 있어서 '나'였다는 말인가?

그는 허탈감에 빠져 꼼짝할 수가 없었다. 그를 둘러싸고 있던 한 세계가 소리도 없이 무너져 내리는 것 같았다.

"진실을 안다는 것은 때로 용기가 필요한 일입니다."

사내가 다가와 아버지처럼 그의 어깨를 감싸 안았다.

"빨리 이곳에서 나가고 싶군요. 저를 내보내 주십시오."

피로가 우욱 몰려들었다. 그는 사내의 팔에 기대었다.

"피곤을 느끼시는 건 당연한 일입니다. 선생님은 지금 30년 가까운 세월을 거슬러 다니며 소리를 들었으니까요. 자, 일어납시다."

사내가 손을 내밀었다. 손을 잡고 일어서려는데 다리가 휘청거렸다.

"안 되겠군요. 잠시 쉬도록 합시다. 돌아가는 데도 상당한 에너지가 필요하거든요."

그는 바위 위에 누워 눈을 감아 버렸다. 골이 패인 하얀 바위들이 볼수록 구토증을 일으켰다. 더 이상 아무것도 보고 싶지도 듣고 싶지도 않았다. 그러나 그때 그의 옆으로 회오리쳐 가던 소리가 문득 말이 되어 들려 왔다.

—마리아와 요셉에게 순종하시며
가정생활을 거룩하게 하신 예수님,
저희 가정을 거룩하게 하시고,
저희가 성가정을 본받아
주님의 뜻대로 살게 하소서.

아내다!

그는 눈을 번쩍 떴다. 집을 떠난 지 몇 십 년이나 지난 것 같았다. 아내와 아이들, 하다못해 아침에 이부자리 속에서 조간신문을 읽는 일조차 못 견디게 그리웠다. 가정의 안일과 평화를 떠나서 대체 자신은 지금 무슨 짓을 하고 있다는 말인가.

—우리 아빠 혹시 정리해고되신 것 아냐?

—쉿, 그런 말을 함부로 하는 게 아냐.

—왜 회사에 안 나가시는 거야?

—몸이 안 좋으시다고 하지 않았니!

—병원에도 안 가시잖아.

—애들아, 아빠가 무슨 말씀하실 때까지 우리 조용히 기다리자.

—아빠가 해고되셨으면 어떡해?

—너희들, 엄마 아빠 믿지? 무슨 일이 일어나더라도 엄마 아빠는 잘해 낼 수 있단다. 예수님도 도와주시고.

그는 눈물이 핑 돌았다. 세상이 다 무너진다 해도 아내만 있으면 버텨낼 수 있을 것 같았다. 늘 반듯하게 살아가는 아내는 삶의 스승이고 동반자이며 어머니요, 연인이었다. 그는 아내의 목소리를 좀 더 듣기 위해 정신을 집중했다.

—그 사람은 내게 있어서 일탈이고, 자유고, 휴식이야.

—물론 남편도 사랑하지. 그러나 그 사람을 사랑해. 그 사람을 포기할 수 없어 괴로워.

그는 귀를 틀어막았다. 정말 더 이상 아무것도, 아무것도 듣고 싶지 않았다. 사내가 동정어린 눈으로 그를 바라보고 있었다.

그가 침대 위에서 눈을 떴을 때, 사내는 사흘이 지났다고 일러 주었다. 일금 백만 원을 건네고, 사내가 건네주는 테이프를 받아들었다. 그러나 사내의 집에서 나오자마자 쓰레기통을 찾아 그것을 처넣어 버렸다. 무슨 의미가 있다는 말인가! 직장의 상사나 동료들에 대한 감정은 너무 하잘것없는 것들이었다. 자신이 가장 믿고 사랑했던 이들로부터 배반을 당한 상처에 비하면.

깜짝 반기는 아내를 슬픈 눈으로 바라보고 그는 서재에 틀어박혔다. 물론 그는 이성을 지닌 사람이었다. 시간이 지나고 분노가 어느 정도 가라앉자, 그는 그가 들은 소리들에 대해 성찰을 할 수도 있었다. 같은 상황이지만 처한 입장에 따라 얼마나 판단이 달라지는가. 그는 동료들을 비굴한 처세꾼으로 느꼈지만, 동료들은 그를 비열한 무능력자로 보고 있었다. 그는 어머니의 입장이 되어 생각해 보기도 했다. 어린 자식을 두고 개가를 한 죄책감이 평생 어머니를 붙들었을 것이다. 그런 식의 빚갚음을 이해할 수 있을 것도 같았다. 아내는? 아내도 인간이다. 결혼을 했다고 해서 감정까지 죽으라는 법이 있는가. 그 자신도 풋풋한 젊은 여자들에게 마음을 빼앗긴 적이 얼마나 많았는가? 아내가 무슨 불륜을 저지를 여자는 아니었다. 다른 남자를 사랑하는 마음을 갖는 것만으로 괴로워하지 않았던가.

그러나 그 모든 소리들은 안 들은 것만 못했다. 그는 점점 더 우울하고 냉소적인 사람이 되어 갔다. 다른 사람의 말을 들을 때면, 그 말보다 숨어 있는 소리를 들으려고 노력했다. 말이 끝나고 등을 돌려 나오다가 갑자기 뒤를 돌아 허공을 쏘아보기도 했다. 사람들에 대한 의구심으로 마음이 답답해질 때마다, 그는 진실을 안다는 것은 때로 용기가 필요한 일이라던 사내의 말을 떠올렸다. 그러나 진실을 안다는 것이 인생에 있어서 무슨 의미가 있는 것인가 하는 생각도 하곤 했다. 잃어버린 소리를 찾고자 하지 않았더라면, 소리소라는 곳에 가지 않았더라면 자신의 삶은 좀 더 따뜻하고 너그러울 수 있었을 텐데 하고.

그를 가장 고통스럽게 한 것은 아내에 대한 의심이었다. 이성적으로는 아내가 그럴 여자가 아니라고 판단하면서도 타는 듯한 질투의 감정은 제어가 되지 않았다. 서재에 앉아 컴퓨터를 들여다보고 있으면서도 그는 설거지를 하는, TV를 보는, 기도를 하는 아내의 마음을 생각했다. 가능하기만 하다면 아내의 마음을 읽고 감시할 수 있는 투시경이라도 나타났으면 싶었다.

띵.

컴퓨터에서 이메일이 도착했다는 신호음이 울렸다. 검색하고 있는 화면 아래로 글자가 차르르 지나갔다.

webmaster@soriso.com에서 새 메시지가 도착했습니다.

그는 긴장을 느끼며 이메일을 열었다.

1011번 고객님께
안녕하십니까?
저희 회사에서는 꾸준한 연구 끝에
아직 발화되지 않은 소리를 찾아내는 데 성공했습니다.
관심이 있으시면 연락 주십시오.

그는 등줄기에 식은땀이 흐르는 것을 느꼈다. 잠자리에 든 아내가 아이들을 데리고 기도하는 소리가 어렴풋이 들리고 있었다.

—출처: 이미란, 「www.soriso.com」, 『꽃의 연원』, 전남대학교 출판부, 2009, 81~103쪽.

memo

5장 자기소개서 쓰기

1. 자기소개서란 무엇인가

자기소개서는 글자 그대로 다른 사람에게 자신을 소개하는 글이다. 이력서 등의 단순한 자료로는 알기 어려운 개인의 특징이나 인성 등을 자세히 제공하는 문서인 것이다. 자기소개서에 담기는 구체적인 내용은 상황에 따라 달라지지만, 일반적으로 자신의 성장 과정이나 성격의 장단점, 특기 사항, 지원 분야와 관련한 경험, 지원 동기 및 향후 목표 등의 내용이 포함된다.

자기소개서를 쓸 때는 취업이나 진학 등 특정한 목적에 맞추어 솔직하게 자신을 드러내는 것이 좋다. 기업에 들어가려고 한다면 그 기업의 어느 분야에서 자신이 능력을 발휘할 수 있는지 작성해야 하며, 대학이나 대학원에 진학하려고 한다면 자신이 그 대학의 어느 전공에서 충분한 학업 능력을 보여줄 수 있는지에 대해 정보를 제공해야 한다.

자신의 능력을 소개할 때에는 남들보다 뛰어난 능력을 강조해야 하며 구체적으로 서술해야 한다. '외국어를 잘한다' 등의 명확하지 않은 표현보다는 외국어 관련 자격증이 있는지, 어학시험 점수는 몇 점이나 되는지 확인이 가능한 자료의 내용을 서술하는 것이 좋다.

2. 자기소개서 구성하기

자기소개서는 일반적으로 과거의 나, 현재의 나, 미래의 나를 설명하는 방식으로 구성된다. 각각의 항목에 어떠한 내용을 써야 하는지 구체적인 예시와 함께 살펴보면서 잘된 점과 고칠 점을 이야기해 보자.

1) 과거의 나

(1) 성장 과정

성장 과정에는 자신이 어떤 환경에서 무엇을 배우며 자랐는지 서술한다. 가족 관계나 집안 환경 등에 대해 적거나, 자신에게 영향을 준 주변 인물, 자신의 가치관을 확립하게 된 계기 등을 진솔하게 쓸 수 있다.

[예시]

저는 한국에 온 지 3개월 된 유학생 ○○○라고 합니다. 1994년에 카자흐스탄의 알마티에서 태어났습니다. 10년 전에 부모님이 이혼하셔서 한국에 오기 전까지는 어머니와 단둘이 살았습니다. 어머니께서는 제가 독립적이고 자율적으로 자랄 수 있도록 가르치셨고 어머니의 이러한 교육 방식 덕분에 저는 새로운 일에 도전하는 것을 즐기는 능동적이고 활동적인 성격으로 자랐습니다. 또 어머니께서는 형제, 자매가 없는 저를 걱정하셔서 항상 다른 사람들과의 관계를 중요하게 생각해야 한다고 당부하셨습니다. 그래서 저는 다른 이들을 대할 때 웃음을 잃지 않고 나보다 남을 먼저 생각하는 편입니다. 덕분에 배려심이 있다는 이야기를 많이 들으며 많은 이들과 원만한 인간관계를 유지하고 있습니다.

(2) 학창 시절

학창 시절에는 가장 기억에 남는 사건이나 현재 자신의 성격에 영향을 미치게 된 일을 중심으로 서술한다. 이때 얻게 된 교훈이나 깨달음 등이 드러나면 더 좋을 것이다.

[예시]

저는 집안 맏이로 동생들과 함께 커 어떤 일을 혼자 하는 것보다 다른 사람을 통솔하여 함께 하는 것을 좋아했습니다. 중고등학교 재학 중에는 반장을 하며 환경정리나 체육대회 등 여러 학교행사에 친구들을 이끌어 적극적으로 참여하였습니다. 특히 기억에 남는 일은 학교 축제를 앞두고 각 반 합창대회를 준비했을 때의 일입니다. 저는 반 친구들의 의견을 모아 노래나 의상 등을 결정하고, 소외되는 친구 없이 다 같이 열심히 연습할 수 있도록 이끌었습니다. 한 달이 넘는 기간 동안 몇 번이고 노래하고 듣고, 다시 화음을 맞춰보는 연습을 하였고 결국, 우리 반은 최우수상이라는 좋은 성적을 거둘 수 있었습니다. 함께 똘똘 뭉쳐 무엇인가를 이루었다는 그 성취감과 감동은 아직도 잊을 수 없습니다.

2) 현재의 나

(1) 장점 및 단점

자신의 장점을 쓸 때는 지원하는 분야에서 필요로 하는 능력을 파악해 이러한 내용을 쓰는 전략이 필요하다. 아울러 단점을 쓸 때는 이를 솔직하게 드러내는 데 그쳐서는 안 되고 그것을 개선하기 위해 어떠한 노력을 하고 있는지 보여 주는 것이 중요하다.

[예시]

저의 장점은 세 가지로 요약할 수 있습니다. 첫째는 바로 '전달력' 입니다. 학원 강사로서 많은 학생을 가르친 경험으로 제 머리속 지식을 다른 이에게 잘 전달하는 능력이 있습니다. 저의 이런 능력은 이 분야의 특수성 강한 지식을 고객과 공유해 시너지 효과를 발휘할 것입니다. 둘째는 바로 '공감력'입니다. 저는 말을 많이 하기보다는 듣는 것을 좋아하고, 단순한 이해가 아닌 적극적인 공감을 할 줄 아는 성격입니다. 그래서 저의 주변에는 항상 사람이 많습니다. 이처럼 다른 이들과의 융화력이 저의 가장 큰 경쟁력입니다. 셋째는 '신뢰감'입니다. 저는 인간관계에 있어 가장 중요한 것은 서로에 대한 신뢰라고 생각합니다. 그래서 아주 사소한 약속도 철저하게 지킵니다.

저의 단점은 1%의 실수도 용납하지 않는 성격입니다. 목표한 일을 완벽하게 처리하려는 저의 의욕 탓에 종종 자신을 힘들게 합니다. 이는 장기적인 성과 측면에서 효율성이 떨어질 수 있으므로 이를 개선하기 위해 다이어리를 활용하여 중·장기 계획을 고려하면서 일을 처리하고 있습니다.

(2) 경력 사항

경력 사항에는 학업이나 능력과 관련된 경력을 지원 분야와 연결하여 서술한다. 동아리 활동이나 아르바이트 경험이 여기에 포함될 수 있다. 경력을 증명할 수 있는 자료들이 있다면 그 내용을 바탕으로 쓰는 것이 좋다. 지원 분야와 관련이 없는 경력은 되도록 적지 않는다.

[예시]

몽골의 변화와 혁신을 이끌어갈 차세대 정치인이 되고 싶었던 저는 정치 관련 지식과 경험을 쌓기 위해 열심히 노력했습니다. 정치를 전공하지 않아서 다른 이들보다 전공 지식과 관련 경험이 부족할지도 모른다는 자괴감과 부끄러움은 오히려 끊임없는 노력의 원천이 되었습니다. 제 꿈을 이루기 위해 저는 먼저, 대학교에 다닐 때 결성

했던 교양 스터디 그룹의 리더로서 이 그룹을 만 3년 동안 이끌어 나갔습니다. 이곳에서 다양한 전공의 여러 친구와 나누었던 수많은 인문학 지식, 정치 사회 문제에 대한 생각 등은 지금 제가 이곳 한국까지 오게 된 계기가 되기도 했습니다.

또한, 저는 정치 및 사회 활동에 적극적으로 참여했습니다. 대표적인 활동은 2008년과 2012년에 몽골의 강력한 야당인 민주당 선거 운동에 참여한 것입니다. 야당의 선거 도우미로서 선거 과정을 관찰하는 것 외에도 몽골의 정치에 대해 구체적인 생각을 정리할 수 있었습니다. 당시, 지역에 따른 시민 참여율의 차이, 청년들의 부정적인 정치 태도, 선거인들을 대상으로 한 부족한 정치 교육, 입후보자나 정당에 대한 미약한 요구 조건 등을 보며 몽골의 정치가 나아가야 할 길을 고민하지 않을 수 없었습니다. 그리고 2016년에는 '공정한 선거를 위한 시민 사회 모니터링'이란 프로젝트에 참여하여 시민사회 관찰자로 일했습니다. 이곳에서 200명의 청년들과 함께 국회의원 선거 절차, 집계 및 결과가 선거법에 따라 잘 진행되고 있는지 모니터링하면서 정의롭고 올바른 사회를 만들기 위해 노력하고 싶다고 느꼈습니다.

3) 미래의 나

(1) 지원 동기

지원 동기에는 자신이 왜 지원하게 되었는지 구체적으로 서술해야 한다. 선택할 수 있는 많은 곳 가운데 왜 이곳을 선택했고, 왜 이 분야에 지원하는지 자세히 서술함으로써 뚜렷한 동기를 알

려줄 필요가 있다. 또 지원한 곳에서 무엇을 하고자 하는지 덧붙여 주는 것도 좋다.

[예시]

"딸아, 누군가를 위해 봉사하는 삶을 살아라." 아버지께서 제가 어릴 적부터 입버릇처럼 하신 말씀입니다. 이 말은 자연스레 저의 가치관이 되었고, 목표가 되었고, 꿈이 되었습니다. 스무 살, 금융전문가를 꿈꾸던 저는 교양 수업을 통해 '봉사'의 대상을 몽골의 시민들로 정했습니다. 물론, 생계를 위해 은행에 취직하여 팀장이라는 직함을 달고 꽤 안정적인 인생을 살아 왔으나 몽골의 변화와 혁신을 이끌어 갈 차세대 정치인이 되겠다는 꿈은 한 번도 잊은 적이 없습니다. 만 3년 가까이 교양 스터디 그룹을 이끌어나가며 몽골의 정치와 사회 문제, 나아가 국제 사회에 대한 정보를 접했고 친구들과 이슈에 대해 토의해 왔습니다. 그리고 꿈을 위해 한 발 내딛을 날을 기다리다 많은 고민 끝에 이곳, 대한민국으로의 유학을 결심하게 되었습니다. '지금 도전하지 않으면 평생 못할지도 모른다, 그리고 이것은 죽을 때까지 후회로 남을 것이다'라는 두려움과 오랜 열망이 저를 이곳으로 이끈 것입니다. 제가 서적과 기사, SNS에서 접한 대한민국은 촛불혁명과 시민의 함성으로 진정한 민주주의를 이룩한 곳이었습니다. 그리고 한국의 뛰어난 인재들, 국제적인 인재들이 모인 이곳 OO대학교에서 정치학을 공부한다면 제가 꿈꾸는 정치 리더가 될 것이라고 확신했습니다.

(2) 향후 목표

향후 목표에는 장기적인 관점에서 설계한 자신의 인생을 구체적으로 보여 주어야 한다. 자신이 속한 곳에서 무엇을 하고 싶은지, 이를 실천하기 위해서 어떻게 할 것인지 그 목표를 적으면 된다. 여기에서는 자신감 있고 진취적인 태도가 드러나면 좋을 것이다.

[예시]

저는 이곳에서 몽골의 정치와 사회에 만연한 다음과 같은 문제들의 원인과 해결법을 연구하려고 합니다. 먼저 몽골은 시민들의 정치의식이 낮습니다. 많은 시민이 정치에 대한 교육을 받아야 하고 정치에 참여하려는 의식을 가져야 합니다. 그리고 자신이 선택한 정당과 의원에게 보다 책임감을 요구해야 할 필요성이 있습니다. 또한 정부와 정당, 여러 국회의원을 감시하고 견제할 시스템이 부족합니다. 저는 시민단체가 이러한 역할을 적극적으로 수행할 수 있다고 생각합니다. 몽골의 혁신을 위해서는 강한 시민사회를 형성해야 합니다. 진정 나라와 국민을 생각하는 정당과 자립적이고 활동적인 시민단체가 필요한 때입니다. 정치에 대한 공부를 마친 후 정치인으로서 이러한 사회를 이끌고 목소리를 내는 것이 저의 목표이자 꿈입니다.

3. 자기소개서 쓰기

자신이 지원하고자 하는 곳에 맞추어 자기소개서를 써 보자.

과거의 나	성장 과정	
	학창 시절	
현재의 나	장점 및 단점	
	경력 사항	
미래의 나	지원 동기	
	향후 목표	

memo

부록

1장 보고서 작성 유의 사항

2장 한국어능력시험 답안 작성 유의 사항

1장 보고서 작성 유의 사항

1. 보고서 작성 윤리

대학 수업을 들을 때에 제출해야 하는 과제의 유형은 학습한 내용을 정리하는 학습보고서, 실험 과정이나 결과 등을 정리하는 실험보고서 등 다양하다. 이와 같이 대학 수업 시간에 제출하는 과제물을 통틀어서 일반적으로 보고서(report)라고 부른다.

대학에서 작성하는 보고서는 자신이 공부한 내용을 일정한 형식에 맞춰 정리하여 제출하는 학습보고서의 형태가 많다. 이때 자신의 생각만으로 보고서를 작성하기는 어려우며, 다른 사람이 이미 쓴 자료를 찾아서 참고하여 보고서를 작성하는 경우가 대부분이다. 그런데 다른 사람의 글을 참고하거나 인용한 경우에 자료의 출처를 밝히지 않으면, 마치 자신의 생각이나 글인 것처럼 오해를 받을 수 있다. 이는 표절(plagiarism)이라는 글쓰기 윤리 위반 사례에 해당한다. 표절이란 다른 사람이 창작한 저작물의 일부나 전부를 도용하여 자신의 창작물인 것처럼 발표하는 행위를 말한다. 한국연구재단에서 분류하는 표절의 대표적인 유형은 다음과 같다.

> ① 내용 표절: 타인의 연구 내용 전부 또는 일부를 적절하게 출처를 표시하지 않고 활용하는 경우
> ② 아이디어 표절: 이미 발표된 타인의 독창적인 생각, 사고의 방식 등을 활용하면서 출처를 표시하지 않은 경우
> ③ 번역 표절: 타인의 저작물을 번역하여 활용하면서 적절하게 출처를 표시하지 않은 경우
> ④ 2차 문헌 표절: 재인용 표시를 하여야 함에도 불구하고 그렇게 하지 않고 직접 원문을 본 것처럼 1차 문헌에 대한 출처를 표시한 경우
> ⑤ 말바꿔쓰기 표절: 타인의 저작물의 문장구조를 일부 변형하거나 단어의 추가 또는 동의어 대체 등을 통하여 사용하면서도 출처 표시를 하지 않거나 일부에만 하는 경우
> ⑥ 짜깁기 표절: 출처를 표시하지 않고 타인(1인 또는 다수)의 저작물을 조합하여 활용하거나, 자신과 타인의 문장을 결합하는 경우
> ⑦ 논증 구조 표절: 구체적인 연구 대상이나 문장은 다를지라도, 결론의 도출 방식 등 논리 전개 구조를 타인의 저작물에서 응용하면서도 출처를 밝히지 않은 경우
>
> —출처: 교육부·한국연구재단, 『연구윤리 확보를 위한 지침 해설서』, 한국연구재단, 2015, 62쪽.

표절 이외에도 보고서 작성 시 비윤리적인 것으로 비난받을 수 있는 행위로는 자료의 위조나 변조, 부당한 저자 표시 등이 있다. 자료의 위조는 존재하지 않은 연구 자료, 연구 결과 등을 허위로 만들어내는 것을 의미하며, 변조는 연구 재료나 과정, 결과 등을 인위적으로 조작하는 것을 의미한다. 부당한 저자 표시는 보고서 작성 시 기여하지 않은 사람에게 정당한 사유 없이 저자로서의 자격을 부여하거나, 반대로 보고서 작성 과정에 기여한 사람에게 저자로서의 자격을 부여하지 않은 행위를 의미한다.

2. 올바른 인용과 인용 방법

보고서를 작성할 때에 다른 사람의 자료를 참고하거나 인용하는 것은 자연스러운 현상이다. 다른 사람의 자료를 참고하는 것은 자신이 학습한 내용을 보다 더 심화시키고 발전시킬 수 있는 과정이기 때문이다. 문제는 다른 사람의 글을 참고하면서도 이에 대한 출처를 밝히지 않았을 때 발생한다. 따라서 보고서를 작성할 때에는 자신이 참고하거나 인용한 자료의 출처를 정당하게 밝히는 것이 중요하다.

다른 사람의 글을 참고하거나, 자신의 보고서에 이를 인용하는 경우는 크게 세 가지로 구분할 수 있다. 첫 번째는 자신이 말하고자 하는 내용을 뒷받침할 수 있는 자료로서 활용하고자 하는 경우이며, 두 번째는 보고서의 내용을 보다 깊이 있게 전개하기 위해 활용하는 경우이다. 세 번째는 다른 사람의 글을 비판적으로 논의하기 위한 목적에서 활용하는 경우이다.

인용 방법으로는 '직접 인용'과 '간접 인용'의 두 가지가 있다. 직접 인용은 다른 사람의 글을 '그대로' 옮겨오는 것을 의미하며, 간접 인용은 다른 사람의 글을 자신의 논지에 맞춰 자신의 표현으로 바꿔 인용하는 것을 의미한다.

1) 직접 인용

직접 인용은 일반적으로 자신의 표현보다는 원문의 표현 그 자체가 중요할 때 주로 활용하는 방법이다. 예를 들어, 문학 텍스트를 분석하기 위해 문학 텍스트의 특정 일부분을 인용할 경우가 바로 여기에 해당한다. 문학 텍스트 이외에도 권위 있는 학자의 의견을 인용할 때에도 그 학자의 표현 자체를 그대로 살리는 것이 중요하다고 판단된다면, 직접 인용의 방법으로 원문을 인용하면 된다.

직접 인용의 방법은 두 가지로 나뉜다. 하나는 큰 따옴표(" ")를 사용하여 인용하는 방법이다. 이 방법은 인용할 부분의 분량이 비교적 짧을 때 사용한다. 다른 하나는 별도의 단락으로 구분하여 인용하는 방법으로, 자신의 글과 인용한 단락이 구별될 수 있도록 구분하고자 하는 단락의 위와 아래를 각각 한 줄씩 띄어주고, 좌우 들여쓰기를 통해 본문과 구별될 수 있도록 한다. 이 방법은 인용할 부분의 분량이 비교적 길 때 사용한다.

① **짧은 직접 인용: 큰 따옴표(“ ”) 사용**

이윤진은 “외국인 유학생이 ‘한국어’로 학문의 과정을 거치면서 쓰게 되는 ‘글’ 하나하나는 곧 학습자 자신을 비추는 거울”[1)]이라고 강조한다.

---

1) 이윤진, 「학문 목적 한국어 학습자를 위한 윤리적 글쓰기 교육의 방향」, 『이중언어학』 45, 이중언어학회, 2011, 182~183쪽.

② **긴 직접 인용: 별도 단락으로 처리**

이윤빈은 외국인 유학생을 위한 글쓰기 윤리 교육이 필요하다며, 다음과 같이 말한다.

> 외국인 유학생이 ‘한국어’로 학문의 과정을 거치면서 쓰게 되는 ‘글’ 하나하나는 곧 학습자 자신을 비추는 거울이다. 그런데 ‘글쓰기’는 계열과 분야를 막론하고 학문 수행의 과정에서 반드시 요구되는 능력임에도 불구하고, 외국인 유학생에게 있어서는 한국어 자체뿐만 아니라 내용적 측면에 대한 이해의 어려움, 시간 부족, 한국 학생들과의 경쟁에서 오는 스트레스 등으로 인하여 글쓰기가 큰 부담으로 다가오게 된다. 그러다 보니 글쓰기 윤리를 위반하는 일이 종종 발생하기도 하는데, 더욱 큰 문제는 학습자 자신은 이것이 잘못된 행위라는 것을 인식하지 못하고 바람지하지 않은 습관으로 고착될 수 있다는 데에 있다.[1)]

---

1) 이윤진, 「학문 목적 한국어 학습자를 위한 윤리적 글쓰기 교육의 방향」, 『이중언어학』 45, 이중언어학회, 2011, 182~183쪽.

2) 간접 인용

간접 인용은 원문의 표현 그 자체보다는 자신의 문장으로 바꾸어 기술하는 것이 더 자연스러울 경우에 많이 쓰는 방법이다. 직접 인용을 자주 활용할 경우에는 다른 사람의 문체와 나의 문체가 혼용되어 글의 통일감을 주기 어렵다는 단점이 있다. 이럴 때 간접 인용 방식으로 다른 사람의 글을 인용한다면, 나의 문체에 맞게 보고서의 문체를 통일할 수 있다.

간접 인용을 할 때에는 원저자의 글을 자신의 문장으로 바꾸는 과정에서 원저자의 의도나 생각이 왜곡되지 않도록 조심해야 한다. 그리고 자신의 말로 바꾸었다고 해도 아이디어는 원저자로부터 나온 것이기 때문에, 출처를 밝히는 것도 놓쳐서는 안 된다. 출처는 자신이 인용한 부분의 마지막 부분에 자신이 속한 학문 영역의 방법에 맞춰 각주 또는 내주를 통해 밝혀주면 된다.

이윤빈은 외국인 유학생들이 한국어 글쓰기에 대한 부담감으로 인해, 글쓰기 윤리를 위반하는 경우가 많다고 지적한다. 더 큰 문제는 학습자들이 글쓰기 윤리를 위반하는 것이 잘못된 행위라는 것을 인식하지 못한다는 데 있다고 지적한다.[1]

---

1) 이윤진, 「학문 목적 한국어 학습자를 위한 윤리적 글쓰기 교육의 방향」, 『이중언어학』 45, 이중언어학회, 2011, 182~183쪽.

3. 출처 표기 방법

직접 인용이든 간접 인용이든 다른 사람의 글을 참고하여 인용했다면 그 출처를 밝혀야 한다. 출처 표기 방법은 학문 분야마다 각기 다르기 때문에, 자신이 속한 학문 분야의 출처 표기 방법을 별도로 확인할 필요가 있다. 그러나 일반적으로 출처 표기를 할 때에는 '저자명, 저서(논문)명, 출판사, 출판 연도, 참조 쪽수'와 같은 요소들을 공통적으로 밝히고 있다. 중요한 것은 자신의 보고서 내에서는 출처 표기 방법을 통일되게 사용해야 한다는 점이다.

출처 표기 방법은 크게 각주를 활용한 방법과 내주를 활용한 방법으로 나뉜다. 인문계열에서는 주로 각주를 활용한 출처 표기 방법을 사용하며, 사회계열이나 이공계열에서는 주로 내주를 활용한 출처 표기 방법을 사용한다.

1) 각주를 활용한 출처 표기 방법

각주를 활용한 출처 표기는 본문에서 인용한 부분이 있는 페이지 하단에 출처를 밝히는 방법이다. 한국 학생들이 보편적으로 사용하는 워드 프로세서인 '흔글' 프로그램의 경우, '입력 → 메뉴' 기능 하위에 속한 '주석 → 각주' 기능을 활용하여 각주 달기를 할 수 있다.

각주를 활용한 출처 표기를 할 때에는 일반적으로 '저자명, 저서(논문)명, 출판사, 출판 연도, 참조 쪽수'의 순으로 제시한다. 이때 논문이나 학위 논문, 또는 단편소설의 경우에는 홑낫표(「 」) 부호를, 단행본이나 학술지, 또는 장편소설의 경우에는 겹낫표(『 』) 부호를 사용한다. 그런데 외국 자료, 특히 영문으로 된 자료의 출처를 표기할 때에는 논문이나 학위 논문, 또는 단편소설의 경우에는 큰 따옴표(“ ”) 부호를, 단행본이나 학술지, 또는 장편소설의 경우에는 이탤릭체로 표기를 한다.[1)]

구분	표기 방법
국내(한국) 자료	• 논문, 학위 논문, 시, 단·중편소설, 단막극: 「 」
	• 단행본, 학술지, 신문, 잡지명, 장편소설, 장막극: 『 』
외국 자료 (주로 영문 자료)	• 논문, 학위 논문, 시, 단·중편소설, 단막극: “ ”
	• 단행본, 학술지, 신문, 잡지명, 장편소설, 장막극: *이탤릭체*

구체적인 출처 표기의 예는 다음과 같다.

구분		표기 방법
국내(한국) 자료	단독 저서	• 임화, 『문학의 논리』, 학예사, 1940, 132쪽.
	편서, 학회지	• 이미란, 「창작론적 비평 방법의 연구(完)」, 『현대문학이론연구』 제56집, 현대문학이론학회, 2014, 70쪽.
외국 자료 (주로 영문 자료)	단독 저서	• Hans Meyerhoff, *Time in Literature*, University of California Press, 1955, p. 123.
	편서, 학회지	• Peter Elbow, “A method for teaching writing”, *College English*, 30, National Council of Teachers of English, 1968, pp. 115~125.
	번역서	• Peter Elbow, 김우열 옮김, 『힘있는 글쓰기』, 토트, 2014, 16쪽.

1) 학문 분야에 따라 홑낫표와 겹낫표를 사용하지 않는 경우도 있다. 예를 들어, 단행본의 경우에만 진하게 표시하고, 다른 부분에는 별도 표기를 하지 않기도 한다. 예) 이미란, 창작론적 비평 방법의 연구(完), **현대문학이론연구** 제56집, 현대문학이론학회, 2014, 70쪽.

최근에는 인터넷 자료나 인터넷 검색을 통해 신문 기사 등을 참조하여 인용하는 경우가 많다. 이들 자료의 출처를 표기하는 방법은 다른 자료와 달리 출처 표기 방법이 별도로 정해져 있지 않으나, 표기 방법에 대한 논의가 구체화되어 가는 과정 중에 있다.

인터넷 자료의 출처는 다른 자료와 유사하게 '저자명, 자료명, 인터넷 사이트명, 작성일'을 밝히면 좋겠지만, 인터넷 자료는 저자나 작성일을 알 수 없는 경우가 많고, 내용도 수시로 업데이트되는 경우가 많다. 따라서 일반적인 인터넷 자료의 경우에는 '인터넷 사이트명, 자료명, 사이트 주소(URL), 검색일' 순으로 출처를 밝히는 것이 좋다. 이때 신문기사는 인터넷을 통해 검색했더라도, 저자나 작성일 등을 알 수 있기 때문에, '기자명, 기사명, 매체명, 작성일, 사이트 주소(URL), 검색일' 정도로 출처를 밝힐 수 있다.

국립국어원, 「알고 싶은 한글」, http://www.korean.go.kr/hangeul/origin/001.html, 검색일: 2021년 1월 10일.

김경욱, 「지금까지 이런 그룹은 없었다…빌보드 최초 한국어 노래 정상」, 『한겨레』, 2020년 12월 2일, http://www.hani.co.kr/arti/culture/music/972332.html, 검색일: 2020년 1월 10일.

그런데 출처를 밝히다 보면, 동일한 자료의 출처를 반복적으로 제시해야 하는 경우가 생긴다. 이때에는 중복되는 부분을 생략하고, 대신 '위의 책(같은 책)' 또는 '앞의 책'으로 표기한 후, 출처를 밝히면 된다.

'위의 책' 또는 '같은 책'으로 표기하는 경우는 동일한 자료를 연속적으로 반복하여 출처를 밝혀야 할 때이다. 다시 말해 바로 위에서 인용한 자료를 다시 인용한 경우로서, 이때에는 각주 번호가 연속적으로 이어진다. '위의 책'으로 표기한 경우에는 '저자명, 저서(논문)명, 출판사, 출판 연도'까지가 동일하기 때문에 이 부분을 모두 생략하면 되지만, 참조 쪽수가 다를 경우에는 '위의 책'이라고 표기한 다음에 참조 쪽수를 밝혀주어야 한다.

'앞의 책'으로 표기하는 경우는 앞의 어느 부분에서 출처를 밝힌 자료의 출처를 다시 한 번 밝혀주어야 할 때이다. '앞의 책'은 '위의 책' 또는 '같은 책'과 달리 각주 번호가 연속적으로 이어지지 않는다. 이때에는 '저자명'을 먼저 밝혀준 다음에, '저서(논문)명, 출판사, 출판 연도'는 생략하고 대신 '앞의 책'이라 표기한 다음에 참조 쪽수를 밝혀주면 된다.

다음의 예문을 통해, '앞의 책'과 '위의 책'의 용법을 다시 한번 확인해 보자.

글의 주제와 관련된 지식과 정보를 찾는다는 것은 글의 소재를 찾아가는 과정이라 할 수 있다. 글의 소재란 필자가 글을 쓸 때의 재료가 될 수 있는 것이지만, 아직까지는 직접 글에 쓰이지 않았기 때문에 제재는 아닌 것을 의미한다.[3] 모든 글의 소재는 상호텍스트적으로 연계되어 있기 때문에 무궁무진할 수밖에 없다. 따라서 좋은 글을 쓰기 위해서는 무궁무진한 소재 중에서 제재를 어떻게 골라내어 한정짓느냐가 중요하다. 인터넷의 발달로 인해, 관련 지식과 정보를 찾는 일은 쉬운 일이다. 오히려 너무 많은 지식과 정보가 넘쳐나서 문제가 되기도 한다. 수많은 지식과 정보 속에서 어떤 자료를 선택하느냐가 보다 어렵고 중요한 문제이다. 자료를 찾을 때에는 글의 주제, 즉 문제의 해결을 위해 꼭 필요한 자료만을 선별할 수 있는 능력이 필요하다. 이러한 능력은 주어진 문제에 대해 깊이 있게 생각하고 문제 해결을 위한 통찰력을 지니고 있을 때 갖출 수 있는 것이다.[4)]

자료를 수집할 때에는 그 자료를 글에 이용하기에 편리하도록 정리를 해 두어야 한다. 자료가 글에서 어떻게 이용될 수 있는지, 간략하게 메모를 해 둔다면, 글에 이용하게 될 때에 편리하다. 무엇보다도 중요한 것은 자료의 출처를 명확하게 적어두는 것이다. 실제 글을 작성할 때에, 그 자료를 다시 찾아 확인해 볼 때에도 출처는 필요하지만, 글로 표현하는 과정에서 출처를 제대로 밝혀주지 못할 경우에는 표절 시비에 휘말릴 수 있다.[5)] 다른 사람의 생각을 인용할 때에는 반드시 그 사실이나 출처를 밝히는 것이 학문 공동체에서 존중하는 관습이다.

다양한 자료 텍스트를 통해 글의 소재를 찾았다면, 소재가 아닌 글의 제재를 선정해야 한다. 무궁무진한 소재 중에서 제재를 선정하기 위해서는 무엇이 이 글의 제재로서 가치가 있는가를 판단할 수 있어야 한다. 제재로서 가치가 있다는 것은 글의 제재가 글의 주제와 밀접하게 관련성이 있어야 하며, 글의 목표를 달성하는 데에 유용해야 한다. 또한 글의 제재가 식상하지 않으며, 독자의 요구에 맞으며, 독자에게 흥미로울 수 있어야 한다.[6)]

(…중략…)

재고쓰기 단계에서는 완성된 초고를 정교하게 다듬어 다시 글로 표현하는 단계이다. 초고쓰기에서는 구상한 내용을 계획된 구성에 맞게 글로 표현해 내는 것이 중요하다면, 재고쓰기에서는 초고의 내용을 보다 구체적이고 정확하게 다듬고 효과적으로 의사소통을 할 수 있도록 하는 것이 중요하다. 머릿속에서 구상해 놓은 많은 아이디어들을 실제로 언어로 표현하는 것은 까다로운 일이다. 왜냐하면, 사유의 논리와 글의 논리가 다르기 때문이다. 사유라는 것은 자유롭고 제약을 받지 않는다면, 글은 담화 공동체의 제약을 받는다. 머릿속에서는 쓸 거리들을 많이 구상하고, 그 틀을 마련했다 하더라도, 그것을 글로 표현하기 위해서는 담화 공동체의 관습을 이해하고 사유를 글로 표현할 수 있는 적절한 언어들을 마련해야 할 것이다.[7]

그런데 필자가 전달하고자 하는 정보나 사유의 세계를 드러낼 수 있는 효과적인 언어를 찾는 것은 어려운 일이다. 특히 사전적 의미만으로는 개인의 사유의 세계를 효과적으로 전달하기 어려운 경우도 많다. 이럴 경우에 고려할 수 있는 부분이 바로 글의 수사학적 측면이다.[8]

---

3) 박영목, 『작문 교육론』, 도서출판 역락, 2008, 82쪽.
4) 한성우, 앞의 책, 133쪽.
5) 김경훤 외, 『창조적 사고 개성적 글쓰기』, 성균관대학교 출판부, 2008, 117쪽.
6) 박영목, 앞의 책, 82쪽.
7) 전남대 교육발전연구원 편, 『글쓰기』, 학이당, 2007, 15쪽.
8) 위의 책, 16쪽.

2) 내주를 활용한 출처 표기 방법

내주를 활용한 출처 표기는 각주 입력 방식을 활용하지 않고, 인용한 부분이 끝나는 지점에 괄호를 사용하여 출처를 표기하는 방법이다. 내주는 '(저자명, 출판 연도: 참조 쪽수)'의 형태로 출처를 표기한다. 각주를 활용한 출처 표기 방법에서는 각주에서 저서(논문)명을 바로 확인할 수 있으나, 내주를 활용한 출처 표기 방법에서는 본문에서는 저서(논문)명을 바로 확인하기 어렵고, 대신 보고서 끝에 제시하는 참고문헌을 통해 저서(논문)명을 확인해야 한다.

> ① 소설은 이야기 그 자체가 아니라, 이야기를 이야기하는 것이라 볼 수 있다(황도경, 2014: 17~18).
>
> ② 자료를 수집할 때에는 그 자료를 글에 이용하기에 편리하도록 정리를 해 두어야 한다. 자료가 글에서 어떻게 이용될 수 있는지, 간략하게 메모를 해 둔다면, 글에 이용하게 될 때에 편리하다. 무엇보다도 중요한 것은 자료의 출처를 명확하게 적어두는 것이다. 실제 글을 작성할 때에, 그 자료를 다시 찾아 확인해 볼 때에도 출처는 필요하지만, 글로 표현하는 과정에서 출처를 제대로 밝혀주지 못할 경우에는 표절 시비에 휘말릴 수 있다(김경훤 외, 2008: 117).

3) 참고문헌 제시 방법

각주나 내주를 활용하여 출처를 표기한 이후에는 보고서의 마지막 부분에 보고서 작성 시 참고하여 인용한 자료들을 '참고문헌'이라는 별도의 항목을 만들어 제시해야 한다.

참고문헌을 제시할 때에는 저자 성명(이름)순으로 정렬을 해서 나열한다. 만약 한국 문헌 이외의 다른 나라 문헌도 함께 인용했다면, 동양권－서양권 저자 순으로 정렬을 하면 된다. 이때 주의할 점은 서양권 저자의 성명은 성을 먼저 제시한 다음에 성을 제외한 이름 순으로 제시해 주어야 한다는 것이다.

참고문헌의 양이 많을 경우에는 참고문헌의 종류를 단행본, 논문, 인터넷 자료 등으로 구분하여 제시하기도 한다. 참고문헌을 제시할 때에는 참조 쪽수 표기 없이 '저자명, 저서(논문)명, 출판사, 출판 연도' 순으로 적거나, 논문일 경우에만 논문의 첫 페이지와 마지막 페이지를 적는 경우도 있다.

참고문헌

김현정, 「문학 비평 글쓰기에서의 대화주의적 원리」, 『현대문학의 연구』 40집, 한국문학연구학회, 2010.
김혜연, 「쓰기 과정 연구의 이론적 경향과 다원적 관점의 가능성」, 『작문연구』 24집, 한국작문학회, 2015.
박영민 외, 『작문 교육 연구의 주제와 방법』, 박이정, 2015.

박태호, 『장르 중심 작문 교수 학습론』, 박이정, 2007.
이재기, 「작문 연구의 동향과 과제: 작문에 대한 세 가지 가치론적 접근법」, 『청람어문교육』 38집, 청람어문교육학회, 2008.
이재승, 『글쓰기 교육의 원리와 방법』, 교육과학사, 2002.
———, 「과정 중심 글쓰기 교육의 허점과 보완」, 『한국초등교육』 33집, 한국초등국어교육학회, 2007.
Chenoweth, N. A., & Hayes. J. R., "Fluency in writing: Generating text in L1 and L2", *Writing Communication*, 18, London: Sage Publications, 2001.
Elbow, P., *Writing with power*, NY: Oxford University Press, 1981.
———, *Writing without teachers*, NY: Oxford University Press, 1998.

4. 자료 수집의 유의 사항

보고서를 쓰기 위해서 관련 자료를 찾아 정리하는 일은 매우 중요하다. 또 자료를 수집하고 관리하는 것은 중요한 만큼 유의할 점도 많다. 필자가 필요한 자료 내용의 유형에 따라서 수집 방법도 조금 차이가 있다.

1) 사전적 지식이 필요한 개념어

일반적으로 논의를 진행하고자 할 때 어떤 단어에 대한 사전적 정의나 일반적인 지식이 필요한 경우가 있다. 예를 들어, 내가 '한류(韓流)의 특징'과 관련한 글을 쓴다고 할 때 '한류'의 뜻을 정확히 이해해야 한다. 그럴 때에는 전문사전이나 인터넷 포털사이트를 통해 관련 단어의 뜻을 찾아보면 된다.

1996년 한국의 텔레비전 드라마가 중국에 수출되고, 2년 뒤에는 가요가 알려지면서 아시아를 중심으로 대한민국의 대중문화가 대중적 인기를 얻게 된 현상을 일컫는다. 한류라는 용어는 한국의 대중문화가 알려지면서 대만, 중국, 한국 등에서 사용하기 시작하였으며, 중국에서 한국 대중문화에 대한 열풍이 일기 시작하자 2000년 2월 중국 언론에서 이러한 현상을 표현하기 위해 '한류'라는 용어를 사용하여 널리 알려졌다.

이후 한국 대중문화의 열풍은 중국뿐 아니라 타이완·홍콩·베트남·타이·인도네시아·필리핀 등 동남아시아 전역으로 확산되었다. 특히 2000년 이후에는 드라마·가요·영화 등 대중문화만이 아니라 김치·고추장·라면·가전제품 등 한국 관련 제품의 이상적인 선호현상까지 나타났는데, 포괄적인 의미에서는 이러한 모든 현상을 가리켜 한류라고 한다.

심지어 대중문화의 수용 차원을 넘어 한국의 가수·영화배우·탤런트, 나아가 한국인과 한국 자체에 애정을 느껴 한국어를 익히거나 한국 제품을 사려는 젊은이들까지 생겨났는데, 중국에서는 이들을 가리켜 '합한족(哈韓族)'이라는 신조어로 부른다.

—출처: 두산백과, 「한류(韓流)」, 『doopedia』, https://www.doopedia.co.kr/doopedia/master/master.do?_method=view&MAS_IDX=101013000793358, 검색일: 2021년 1월 12일.

위와 같이 관련 내용을 수집할 때에 자료의 출처를 정확히 기입해 놓는 것이 중요하다. 그리고 찾은 자료를 그대로 인용하는 것이 아니라 필요한 만큼만 요약해서 활용을 하면 된다. 이때에 '위키백과' 또는 '위키피디아'와 같이 누구나 자유롭게 내용을 수정할 수 있는 인터넷 백과사전의 경우, 검증되지 않은 정보가 게시되는 경우가 있기 때문에 유의해야 한다.

2) 보고서 작성 시 필요한 통계 자료

논의를 진행하다 보면 통계 자료가 필요할 때가 있다. 특히, 주장하는 글을 쓸 때는 구체적인 통계는 필자의 주장을 뒷받침해 주는 정확한 근거 자료로 활용할 수 있다. 대체로 전문가의 논의를 담은 소논문이나 통계청의 자료, 또는 관련 기사 등을 통해 통계 자료를 찾을 수 있다.

예를 들어, '한국 내 외국인 유학생의 현황' 조사 자료가 필요하다고 하면 통계청에 들어가서 자료를 검색할 수 있다.

(2020.10.31. 현재, 단위 : 명)

연도	총계	유학 (D-2)	한국어연수 (D-4-1)	외국어연수 (D-4-7)
총계	154,118	104,987	49,126	5
베트남	56,821	23,721	33,097	3
중국	53,184	47,005	6,179	0
한국계	1,013	952	61	0
우즈베키스탄	9,189	6,807	2,382	0

연도	총계	유학 (D-2)	한국어연수 (D-4-1)	외국어연수 (D-4-7)
몽골	8,124	6,021	2,103	0
네팔	2,799	2,490	309	0
일본	2,169	1,420	749	0
파키스탄	1,540	1,515	25	0
인도네시아	1,371	1,158	213	0
인도	1,291	1,163	128	0
방글라데시	1,186	1,151	35	0
미얀마	1,041	706	335	0
프랑스	914	726	188	0
미국	884	593	291	0
러시아(연방)	871	504	367	
(타이완)	865	570	295	0
말레이시아	729	606	123	0
(홍콩)	597	363	234	0
카자흐스탄	586	522	64	0
기타	9,957	7,946	2,009	2

—출처: 출입국·외국인정책본부, 「2020년 10월 출입국외국인정책 통계월보」, https://www.immigration.go.kr/immigration/1569/subview.do?enc=Zm5jdDF8QEB8JTJGYmJzJTJGaW1taWdyYXRpb24lMkYyMjclMkY1NDEzMDAlMkZhcnRjbFZpZXcuZG8lM0Y%3D, 검색일자: 2021년 1월 12일.

위는 외국인 유학생 체류 현황을 나타낸 통계 자료로 출입국 외국인 정책본부의 홈페이지 통계자료 게시판에서 찾은 자료이다. 이와 같이 필요한 통계 자료가 있다면, 통계를 가지고 있을 만한 정보기관을 찾아 검색해서 보면 된다.

3) 전문적 지식(전문가 소견)

보고서를 쓰기 위해서는 관련 주제에 대한 전문적인 지식이 필요하다. 이러한 지식이나 정보를 찾는 가장 쉬운 방법은 관련 학술자료를 찾는 것이다. 일반적으로 많은 대학들은 도서관 홈페이지를 통해 학술논문검색사이트에서 제공하는 학술 DB를 구독하는 방식으로 재학생들에게 다양한 학술자료를 무료로 이용할 수 있는 서비스를 제공해 주고 있다.

각 대학의 구독 현황에 따라 이용할 수 있는 학술 DB 종류가 다를 수 있으나, 일반적으로 많이 이용하고 있는 학술 DB는 다음과 같다.

기초학문자료센터(https://www.krm.or.kr/)
디비피아(https://www.dbpia.co.kr/)
스콜라(http://scholar.dkyobobook.co.kr/main.laf)
학술연구정보서비스(http://www.riss.kr/)
한국학술정보(http://kiss.kstudy.com/)

memo

2장 한국어능력시험 답안 작성 유의 사항

1. 한국어능력시험의 목적과 평가 영역

한국어능력시험은 한국어를 모국어로 하지 않는 재외동포와 외국인에게 한국어 학습 방향을 제시하고 한국어 보급을 확대하기 위해 시행된다. 이 시험을 통해 한국어 사용능력을 측정할 수 있으며 그 결과를 한국으로의 유학 및 취업 등에 활용할 수 있다.

한국어능력시험은 수준에 따라 '한국어능력시험 I'과 '한국어능력시험 II'로 나누어지며 1~6급까지 6개 등급으로 평가된다. '한국어능력시험 I'은 듣기와 읽기 영역으로 구성되고 '한국어능력시험 II'는 듣기, 쓰기, 읽기 영역으로 구성된다.

2. 한국어능력시험 II의 쓰기 영역

한국어능력시험 II의 쓰기 영역에는 실용문 완성하기, 설명문 완성하기, 자료 설명하기, 자기 생각 표현하기 등 네 가지 유형의 문제가 출제된다. 각각의 유형에 대한 답안 작성 방법을 연습 문제와 함께 살펴보기로 한다.

1) 실용문 완성하기

이 유형은 글의 흐름에 맞게 괄호 안을 채우는 문제이다. 주로 일상생활에서 자주 접할 수 있는 짧은 실용문이 제시된다. 안내문, 광고문, 이메일, 메시지 등을 읽고 글의 목적과 의도를 파악한 다음, 어떤 어휘와 표현이 적당한지 잘 생각해 보고 써야 한다.

답안을 작성할 때는 괄호 앞, 뒤의 내용을 잘 파악하는 것이 중요하다. 완성한 문장의 어휘와 문법이 모두 괄호 앞, 뒤와 호응하는지가 채점 기준이 된다. 또한, 다른 문장과 동일한 문체를 쓰는 것이 좋다. 실용문에서는 보통 격식체를 사용하므로 '-ㅂ니다/습니다, -(으)십시오'를 쓴다.

주의할 점은 괄호 앞, 뒤의 어구를 포함해서 쓰지 않도록 해야 한다는 것이다. 또한, 두 문장 이상 쓰면 점수를 받기 어려우므로 한 문장으로 완성해야 한다. 글의 흐름에 적합하지 않은 어휘나 문법, 불필요한 내용은 감점의 요인이 되며 철자가 정확하지 않아도 감점이 된다.

연습 문제

다음 글을 읽고 ( )에 들어갈 말을 각각 한 문장으로 쓰십시오. (10점)

<table>
<tr><td>
여자 옷 팝니다.
여자 옷이 필요하신 분들에게 알립니다.
사이즈가 안 맞아서 제가 입던 (㉠).
이 코트는 소재도 좋고 따뜻합니다.
그리고 비싸게 산 옷이라 아껴 입고 관리에 신경을 써서
입었던 옷이지만 (㉡).
새 옷 같은 중고를 아주 싼 값에 드립니다.
아래 실제 사진을 보시고 연락해 주시기 바랍니다.
</td></tr>
<tr><td>㉠</td></tr>
<tr><td>㉡</td></tr>
</table>

2) 설명문 완성하기

이 유형 역시 앞의 '실용문 완성하기' 유형과 마찬가지로 글의 흐름에 맞게 괄호를 완성하는 문제이다. 이 유형에서는 주로 한 단락 정도의 짧은 설명문이 제시된다. 글의 중심 내용과 내용 전개 방식을 파악한 후 괄호 앞, 뒤의 내용과 자연스럽게 어울리는 표현을 넣어 문장을 완성해야 한다.

답안을 작성할 때는 '그리고, 그런데, 그래서, 그렇지만, 그러므로, 따라서'와 같은 접속 부사를 잘 살피는 것이 중요하다. 접속 부사가 글의 전체 내용을 파악하고 괄호 속 알맞은 표현을 찾는 데 도움을 주기 때문이다. 글의 맥락을 이해했다면 괄호 앞, 뒤의 내용을 잘 살펴 자연스럽고 적절한 표현을 적는다. 이때, 글 전체 형식을 맞추기 위해 문어체 '-ㄴ다/는다'를 써야 한다.

주의할 점은 앞의 '실용문 완성하기' 유형과 같다. 괄호 앞, 뒤의 어구를 포함해서 쓰지 않도록 하고 한 문장으로 구성해야 한다. 글의 흐름에 적합하지 않은 어휘나 문법을 사용하거나 불필요한 내용이 추가되면 감점이 된다. 잘못 쓰였거나 빠진 글자 역시 감점 요인이다.

연습 문제

다음 글을 읽고 ( )에 들어갈 말을 각각 한 문장으로 쓰십시오. (10점)

누군가와 대화할 때는 자신의 의견을 분명하게 전달하는 것이 중요하다. 그런데 자신의 의견을 전달하는 것만큼이나 중요한 것은 바로 (㉠). 대화는 곧, 나와 상대방이 주고받는 상호작용이기 때문이다. 따라서 대화를 잘 하려면 (㉡).
㉠
㉡

3) 자료 설명하기

이 유형은 제시된 자료를 비교하고 분석하여 200~300자로 글을 쓰는 문제이다. 다양한 도표와 그래프가 자료로 제시되는데, 이 자료를 활용하여 주제에 맞게 내용을 구성하고 단락을 조직할 수 있어야 한다.

답안을 작성할 때는 무엇보다 주어진 자료를 정확하게 이해하고 해석하는 것이 중요하다. 자료를 파악한 후에는 논리적으로 내용을 구성하고 다양한 어휘와 문법을 사용하여 주어진 과제를 모두 수행해야 한다. 또한, 조사 결과의 내용은 자료를 바탕으로 기술해야 한다. 자료를 마음대로 해석해서 쓰거나 자료와 관계없는 주장을 쓰지 않도록 한다. 아울러 짧은 글일지라도 처음, 중간, 끝의 구조를 갖추고 있어야 한다.

주의할 점은 앞의 두 유형과는 달리, 중급 이상의 다양하고 풍부한 어휘와 문법이 사용되어야 한다는 것이다. 구어체나 글의 전체 형식에 맞지 않는 표현을 사용하면 감점이 된다. 문장을 너무 짧게 끊어서 적는 것도 좋지 않다.

연습 문제

다음 그래프를 참고하여 '즉석식품 섭취율'에 대한 글을 200~300자로 쓰시오. 단, 글의 제목을 쓰지 마시오. (30점)

조사 기관: 교육부　　조사 대상: 학생 5만 명

주 1회 이상 즉석식품 섭취율	주 3일 이상 운동 비율	영향

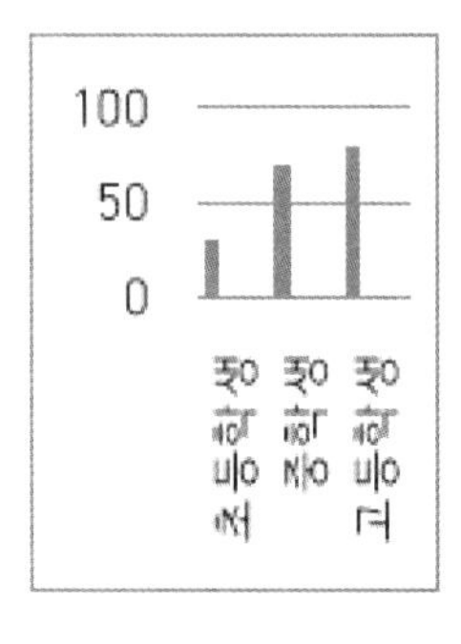

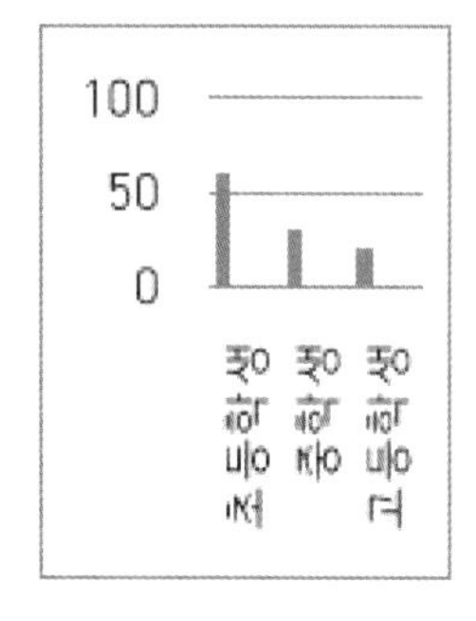

비만율 증가
영양 불균형으로 인한
체력 저하

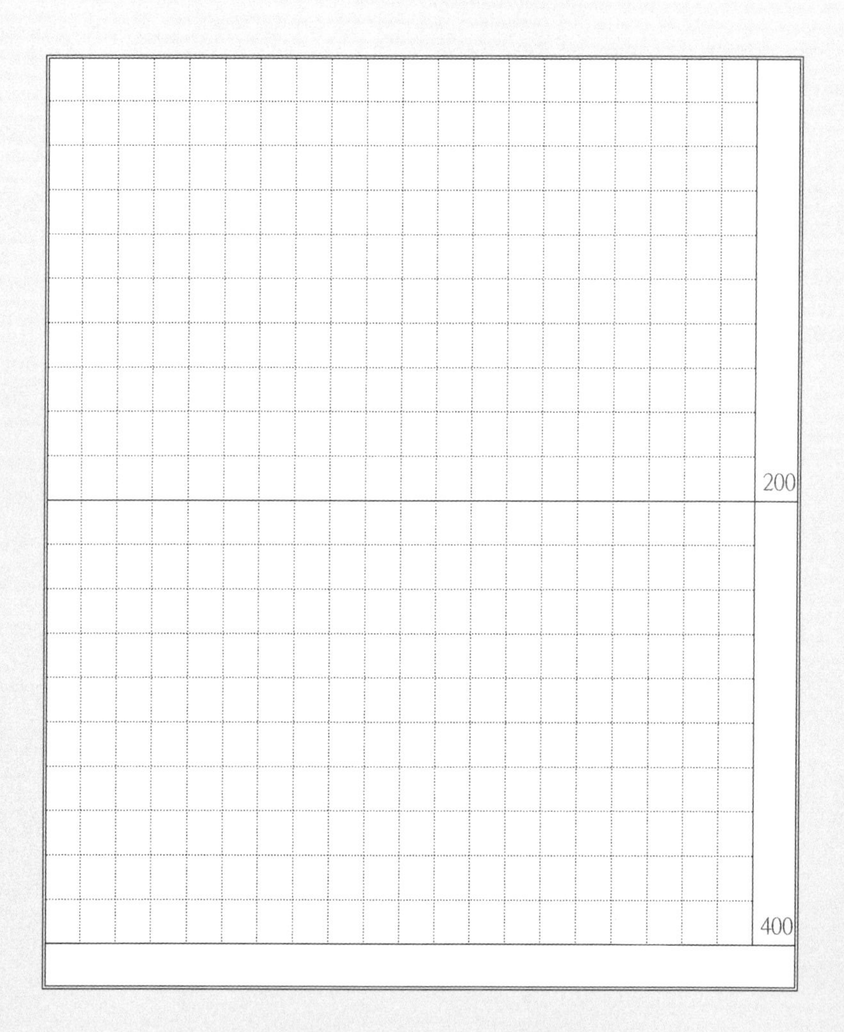
200
400

4) 자기 생각 표현하기

이 유형은 주어진 주제에 대해 자신의 의견을 600~700자로 표현하는 문제이다. 글의 주제와 필수 기술 항목이 함께 제시되는데, 이를 중심으로 논리적인 글을 써야 한다. 보통 사회적 문제에 대해 의견을 펼치거나 추상적인 내용에 대해 가치관을 기술하는 문제가 출제된다.

답안을 작성할 때는 정해진 주제와 분량에 맞추어 주어진 과제를 빠짐없이 쓰는 것이 중요하다. 중고급 수준의 다양한 어휘와 문법을 사용하여 자신의 의견이나 생각을 밝히고 이를 뒷받침할 수 있는 근거를 제시해야 한다. 같은 내용이라도 고급스러운 표현을 사용하면 높은 점수를 받을 수 있다. 또한, 글의 구성이 명확하고 논리적이어야 한다. 적절한 담화 표지를 사용함으로써 글을 조직적으로 연결하는 것이 좋다.

주의할 점은 앞의 '자료 설명하기' 유형과 비슷하다. 같은 내용을 반복하거나 논지가 흔들리면 안 된다. 구어적인 표현을 사용하면 감점이 되며 문장을 너무 짧게 끊어서 쓰는 것도 좋지 않다.

연습 문제

다음을 주제로 하여 자신의 생각을 600~700자로 글을 쓰십시오. (50점)

한국에서는 '입시 지옥'이라는 말이 생길 정도로 학교에서 많은 학습을 하고 있다. 그뿐만 아니라 치열한 경쟁에서 이기기 위해 대부분의 학생들이 학원이나 개인 과외 등의 사교육을 더 받고 있다. 이처럼 한국에서는 입시 위주의 학교 교육이 이루어지고 사교육의 비중이 너무 큰 것이 문제라고 할 수 있다. 이러한 한국의 교육에 대해 아래의 내용을 중심으로 자신의 생각을 쓰시오.
• 입시 위주의 교육으로 인해 나타나는 문제점은 무엇인가? • 이러한 문제점을 해결하기 위한 방법에는 어떤 것들이 있을까?

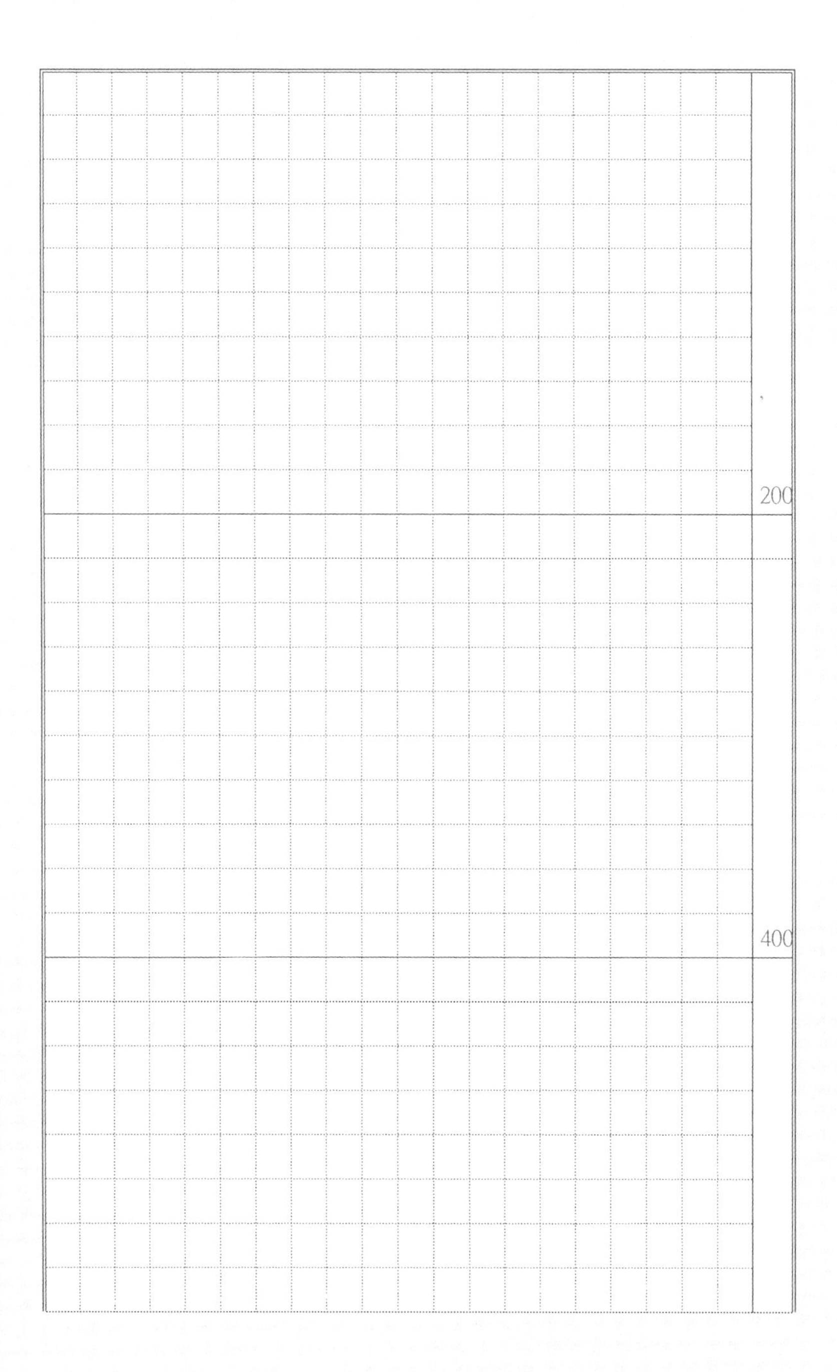

200
400

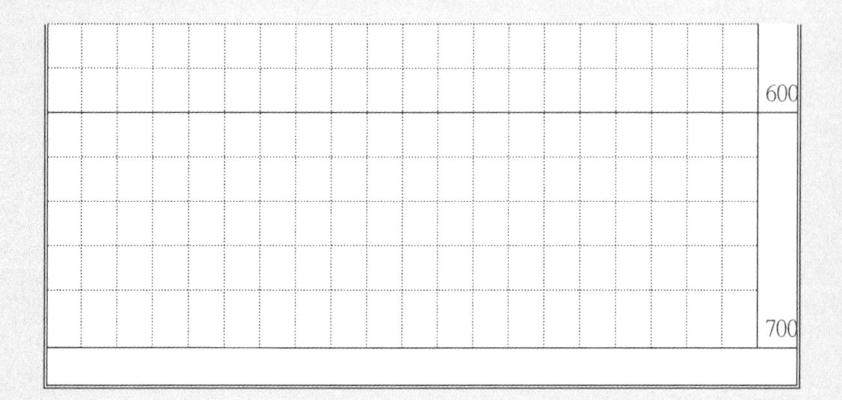
600
700

이미란: 전남대학교 국어국문학과 교수이며 소설가이다. 『꽃의 연원』, 『꿈꾸는 노래』 등 5권의 소설집과 『소설창작 각의』, 『소설창작 12강』 등의 저서가 있고, 중국 푸단대 한국어과에서 파견교수로 근무한 경력이 있다.

김현정: 「대화주의 글쓰기 방법론 연구」로 전남대학교 국어국문학과에서 박사학위를 취득하였다. 「국내 주요 대학 글쓰기 교육의 전개 양상과 발전 방향」 등의 논문이 있다. 현재 순천대학교 교양교육원 조교수이며, '독서와 표현', '사고와 글쓰기' 등을 강의하고 있다.

나선혜: 순천대학교 국어국문학과에서 박사과정을 수료하였다. 「생태소설 교육 방안 고찰」 등의 논문이 있다. 현재 순천대학교 국제교류교육원 한국어 강사이며, '고급 한국어 읽기와 쓰기' 등을 강의하고 있다.

조은숙: 「송기숙 소설 연구」로 전남대학교 국어국문학과에서 박사학위를 취득하였다. 『송기숙의 삶과 문학』, 『생오지 작가, 문순태에게로 가는 길』, 『외국인 유학생을 위한 한국현대문학』(공저) 등의 저서와 「송기숙 소설의 토포필리아 연구」, 「문순태 소설의 사운

드스케이프 연구」 등의 논문이 있다. 현재 전남대학교와 광주대학교에서 '글쓰기' 강의를 하고 있다.

조향숙: 「국어의 선택 발화 연구」로 전남대학교 국어국문학과에서 박사 학위를 취득하였다. 「외국인을 위한 한국어 발음 교육 연구」 등의 논문이 있다. 한국어교원 2급 자격이 있으며, 현재 전남대학교에서 '글쓰기' 강의를 하고 있다.